© 2020 Garpebring, Staffan
Förlag: BoD – Books on Demand,
Stockholm, Sverige
Tryck: BoD – Books on Demand,
Norderstedt, Tyskland
ISBN: 978-91-7969-650-4

Var sin Psykologi

Om individualitet i relationer

Innehåll:

Förord

Vad är det som kan fånga ens uppmärksamhet: som kan öka hjärtklappningen eller lugna kroppen, som kan få oss att agera, tänka och känna?

Det är en fråga om *våra sinnen*, som leder in till vår hjärna och som är inledning till våra upplevelser här och nu.

Det kan vara ett ögonkast. Det kan vara en magkänsla inför en påstridig försäljare. Det kan vara en doft som påminner om något från barndomen. Det kan vara en kram.

Om vi är intresserade av på vilket sätt människans psykologi fungerar, behöver vi både ta hänsyn till individens beteende och livssituation, om möjligt också livshistoria.

Jag tänker att när vi reflekterar över vår egen eller andras psykologi ska vi göra det med förståelse för att vi alla har och har haft olika förutsättningar i livet, olika psykologisk och sociologisk dynamik i våra liv.

Vårt talspråk är en viktig komponent i våra upplevelser av livet. För oss som vuxit upp med pitemålet ger det språket känslomässiga associationer och en känsla av social identitet, liksom det engelska språket kan göra för dem som vuxit upp i det språket.

Associationer är invävda i språket. Känslolägen och attityder uttrycks i språket.

Min mor hade ett underbart paradoxalt uttryck som skämtar om både social ömsesidighet och individualitet.

"Åll båra broy sä oom sä schölv – båra jee broy mä oom mä".

I översättning till standardsvenska blir det "alla bara bryr sig om sig själva – bara jag bryr mig om mig".

I vissa stycken har jag valt att använda engelskans *confirmation bias* liktydigt med önsketänkande.

Det är samma betydelse som när man i forskningssammanhang pratar om confirmation bias som självbekräftande tolkning av forskningsresultat, eller när man kan uppleva fördomar (confirmation bias) i diskussioner.

Confirmation bias kan förstärka både önsketänkande och pessimistiskt tänkande.

Uttrycket "mind set" betyder att ha ett sätt att tänka som till stor del avgör en persons sätt att förhålla sig till sig själv och omvärlden.

Sättet att tänka kan hos vissa präglas av övertygelsen om att hon/han kan utvecklas hela livet.

Andra människor har en tendens att säga "Sån är jag, det bara är så". De kan ha ett mer stillastående sätt att förhålla sig till sina möjligheter att lära och utvecklas.

Kanske av rädsla för att gå utanför sin bekvämlighetszon.

Jag fick många möjligheter att lära mig om livets realiteter genom mina erfarenheter av lönearbete under mina ungdomsår och senare under ett yrkesliv som psykolog.

Boken handlar om sociala och historiska skeenden och kan sägas vara en bok om sociologiska och psykologiska reflektioner utifrån mina perspektiv.

Jag har många gånger i mitt liv mött personer som visat sig vara i kontakt med både sig själva och mig – närvarande här och nu. Det har varit förtätade stunder som jag har tyckt om.

Inledning

Önsketänkande är på både gott och ont. Vi människor kan känna oss hoppfulla eller uppgivna av många olika anledningar.

Från det att vi är små och genom hela livet kommer intryck från omgivningen och inifrån kroppen samman i helhetsupplevelser av oss själva och vår livssituation.

Under våra första levnadsår upplever vi sinnesintryck från inombords i kroppen och sinnesintryck från omgivningen som formar helhetsupplevelser som blir grundläggande i förståelsen av hur vårt liv fungerar.

Syn, hörsel, lukt, smak, känsel, hunger, törst, lust, frustration, trötthet och mättnad är alltsammans ingredienser i våra upplevelser.

Den schweiziske kunskapsteoretikern Jean Piaget har beskrivit successiva språng i utvecklingen av en individs tänkande.

Om vår familj flyttar till en ny bostad ställs vi inför upplevelser som utmanar oss.

Enligt Piaget händer då något som utvecklar vårt tänkande.

Vi behöver lära oss vad som gäller på den nya platsen. Istället för att bara lägga märke till sådant som var viktigt på det förra stället behöver vi lägga märke till vad som är viktigt att veta på den nya platsen.

Vi anpassar vår förståelse för alla nya intryck, och upptäcker kanske något som förut inte varit fokus i vår uppmärksamhet. Vi får ett bredare spektrum av sinnesintryck att ta hänsyn till.

Vi anpassar våra reflektioner till vad som behövs för att vi ska kunna införliva de nya sinnesupplevelserna i vårt tänkande.

När vi lärde oss räkna kanske det började med att vi fick hjälp att peka på varje finger och säga ett, två, tre, fyra, fem.

Senare, när vi förstått vad symbolen 5 kan representera i olika sammanhang, kan vi fortsätta vår resa till mer avancerade uträkningar.

Vi förstår på ett högre, abstraktare plan.

De psykologiska utvecklingssprången, med successivt nya insikter, upprepas inom olika kunskapsområden under resten av livet.

Så är det också med relationer. Vår första relation är med mamma, sedan med andra vårdnadshavare, syskon, lärare och klasskamrater.

Den brittiske psykiatern John Bowlby och den amerikanske utvecklingspsykologen Mary Ainsworth forskade om vilka anknytningsstrategier som det lilla barnet använder.

De kunde se att barnet knyter an på det sätt som varit möjligt beroende på omständligheter under den period när barnet var riktigt litet.

Man kan i beteendestudier se att en del barn beter sig som att det bara är möjligt att knyta an om de håller en viss distans till anknytningsobjektet (otrygg undvikande anknytning).

En del barn beter sig som att det ibland går bra att känna närhet och ibland inte (otrygg ambivalent anknytning).

Några barn finner inget sätt att riktigt knyta an (visar desorienterat anknytningsbeteende).

Men de flesta barn beter sig som att det alltid går bra att komma nära och få tröst när de känner att de behöver det (trygg anknytning).

Senare forskning har visat att dessa anknytningsstrategier har en tendens att återupprepas senare i livet om man lever i en parrelation.

Relationspsykologi

Det hände bara en gång under mina år som skolpsykolog.

Efter att jag pratat med en elev som upplevt kränkande mobbning och därefter med de som kränkt honom ville jag samla dem till gemensamma samtal.

De som kränkt samtyckte till att vi kunde prata tillsammans, men den som blivit kränkt ville inte.

Efter den erfarenheten gjorde jag inga fler försök att i ett krisläge föreslå gemensamma samtal med en elev som upplevt mobbning och de som kränkt.

Jag hade några år tidigare prövat att prata med en hel klass om mobbning i mer allmänna ordalag. När vi samlats i klassrummet hade jag frågat vad man kan bli mobbad för.

Eleverna såg ut som om de inte visste om de skulle ta min fråga på allvar.

15

Men förslagen blev många. Jag skrev så fort jag kunde på svarta tavlan (det var på den tiden när vi inte hade whiteboards).

Spinkig, tjock, glasögon, fräknar, fula kläder, rödhårig, jättelång, kort osv.

Till slut blev listan så lång att det blev uppenbart för mig, och i det efterföljande samtalet även för eleverna, att utanförskap och vänskapande handlar om varierande grupptillhörigheter.

Det faktum att vi i vuxenvärlden får en vink om vilken modetrend som gäller kan spegla ängslighet kring utseende, lust till rolltagande, modeindustrins behov av affärsomsättning eller att klädtillverkning, klädmaterial och sätt att leva förändras.

I dagens läge kan jag se att det handlar om selektiv uppmärksamhet och selektivt tänkande hos de personer som är inblandade om man blir vald eller inte vald som kamrat.

Under mina år som psykolog på en ungdomsmottagning kom jag att utveckla ett arbetssätt som jag har redovisat i boken *En psykologisk Rammodell*.

Att bli utfrusen i skolan eller på arbetsplatser handlar om *psykologi i gruppsammanhang*.

I denna bok ska jag filosofera om gruppdynamik och individers *psykodynamik* i olika sammanhang. Men innan jag gör det ska jag beskriva min väg till psykologexamen.

Jag läste på det gamla sättet vid universitetet. Man valde själv termin för termin vilka ämnen man ville studera.

Jag hade först tänkt bli gymnasielärare i samhällskunskap och geografi. Det blev till en början sociologi, sedan natur- och kulturgeografi.

När jag läste geografi upptäckte jag att jag hade trivts bättre vid den beteendevetenskapliga institutionen. Sociologi hade varit mer intressant.

Så jag återvände till "sociologen" innan jag var helt klar med geografin.

Då uppstod frågan om vilket jobb man kan få som sociolog? På den tiden fanns inte så många jobb på marknaden för sociologer. Jag började ändra målsättning. Kanske psykologyrket kunde vara intressant?

17

Jag hade ännu inte helt släppt tanken på läraryrket så jag fortsatte med pedagogik och sökte samtidigt till psykologiska institutionen som godkände min ansökan.

Efter psykologistudierna, som inte var lika intressanta som sociologi- och pedagogikstudierna hade varit, praktiserade jag som biträdande psykolog. Det blev mest så att jag fick göra olika tester med skolelever.

Det kändes så begränsat. Jag tröstade mig med att om psykologyrket inte skulle komma att kännas mer meningsfullt kunde jag alltid försörja mig på annat sätt. Jag hade ju prövat många jobb före och under universitetsstudierna (bl.a. busschaufför). Eller varför inte sikta på lärarutbildningen igen.

I början av sjuttiotalet fanns psykoterapeuter med psykodynamisk inriktning (Freuds efterföljare), beteendeterapi, miljöterapi, grupp- och familjeterapi.

Två teoretiker inom beteendevetenskaperna kom att få särskild betydelse för mig efter psykologutbildningen.

Egon Brunswik med sin linsmodell om hur vi uppfattar sannolikheter i sociala sammanhang.

Jean Piaget med sina teorier om hur vi tillägnar oss kunskap.

Dessa två gjorde att jag så småningom i mitt psykologarbete allt mer insåg att vår förståelse av livet utvecklas av vårt sätt att lägga märke till företeelser i omgivningen och vårt sätt att lägga märke till våra kroppsliga reaktioner.

Vi kan alltså uppmärksamma både det som sker i omgivningen (perception) och det som händer i kroppen (interoception).

I boken "Identitet inifrån" har jag filosoferat kring *varseblivningens* funktion i människans psyke.

Han hör bara det han vill höra eller hon ser bara det hon vill se är uttryck man kan höra om barn.

Om det sägs med uppgivet tonfall om någons partner kan det betyda att den som uttrycker sig så känner att hon/han håller på att ge upp sina försök att bli förstådd av partnern.

Som upplever att den andre bara hör det som hon/han *vill* höra för att få sina egna åsikter bekräftade.

19

Han *vill inte* förstå mig. Han vill bara bekräfta sig själv, sina tankar och sina känslor. Underförstått, han lider av självbekräftelsestörning.

Kan två personer verkligen vara i tillfredsställande kontakt med varandra hela tiden och för all framtid?

Sannolikt inte, därför att varje individs upplevelse av sin totala livssituation i stunden kan variera som vädret gör dag från dag.

Har man nytta av att få veta varandras berättelse om upplevelsernas variationer under den gångna dagen eller under den andres tidigare levnadsår? Hur dagens väder har varit kan vara bra att känna till. En viktigare fråga är nog hur man för stunden trivs i varandras sällskap?

Det är lättast att trivas i varandras sällskap om man får vara sig själv och låter den andre också få vara sig själv. Inte behöver tänka sig för av oro för att irritera, att man känner tillåtelse att kunna göra fel, kan lära mer om sig själv och den andre. Det är vänskapande.

För att kunna skapa och behålla en relation behövs sinnesnärvaro i det som stunden innebär av yttre och inre upplevelser.

Man kan behöva upptäcka, uppleva och bekräfta varandra varje dag precis som man kan upptäcka och uppleva vädret, solen och molnen på himlen och inse att man lever varje dag.

Parrelationer skapas av dynamiken i två olika psykologier som ska samverka och utvecklas ömsesidigt.

Alain de Botton filosoferar i sin bok "Kärlekens väg" om hur romanticismen, och Jane Austens romaner om livet i tidiga artonhundratalets överklass på amerikanska landsbygden, har begränsat våra möjligheter att etablera parrelationer genom att ha skapat en föreställning om den ende rätte partnern som ska göra oss lyckliga i alla våra dagar utan att vi behöver anstränga oss för att utvecklas tillsammans i öppen och ärlig kommunikation.

Ett annat sätt att se på parrelationer är att det gäller att två unika personligheter ska mötas. Individer som haft och har var sina levnadsomständigheter, kroppsliga upplevelser, beteenderepertoar, sätt att tänka och var sitt känsloliv.

Finns "den rätte" i verkligheten?

Vilka faktorer hos den rätte ska vara rätt? Det handlar nog mest om att det ska "kännas rätt" och det går nog inte att beräkna logiskt.

Men man kan nog säga att ömsesidig sinnlig närvaro i vänskapande möten är rätt.

En förvrängd uppfattning av sig själv och sin omgivning i nuet kan vara en tendens till önsketänkande eller till negativt tänkande. Kanske växlingar mellan ytterligheterna.

Man kanske bara lägger märke till alltför ensidigt uppmuntrande självbekräftande sinnesintryck, vilket kan resultera i ensidigt önsketänkande.

Otrygg anknytning under uppväxtåren kanske resulterade i orealistiskt negativ självbild och otrygga relationer. Det kan i värsta fall leda till att man nästan bara lägger märke till selekterade och sänkande intryck från omgivningen vilket kan förstärka uppgivenhetskänslor och negativt tänkande.

Vid förväntansångest dominerar registrering av stresskänslor i kroppen över registrering av realistiska yttre intryck i den aktuella situationen.

Handlar det om dysfunktion i sinnesapparaten som helhet, sinnesintryckförvrängning eller annan störning i varseblivningen?

Det har hänt några gånger under mina år som psykolog, att jag sagt att jag förstår en klient innan denne pga mitt kroppsspråk och mitt frågande kan lita på att jag nog faktiskt förstår personen som individ.

Klienten har behövt att själv komma fram till att jag nog förstår. Det kan ta tid och vara svårt om hen inte kan förstå sig själv. Särskilt om hen brottas med flera oförenliga uppfattningar om sig själv.

Det är nog ibland mer rimligt att säga om någon som inte är i kontakt med yttre sinnesintryck att "han hör bara det han *kan* höra" eller "hon ser bara det hon *kan* se".

Sex psykologiska funktioner möts i hjärnan och resulterar i en människas förståelse av sin situation.

Varje upplevelse i en människa består av

1) *Förnimmelser* via sinnena (hur hon genom sina yttre och inre sinnen uppmärksammar och formar sinnliga upplevelser).

2) *Reaktioner i kroppen* (kroppsliga behov och neurofysiologiska funktioner)

3) Hur hon *agerar* (uttrycker sig i ord, kroppsspråk och handling).

4) Hur hon tolkar sinnesintryck utifrån och inifrån, och *reflekterar över tolkningarna* – (hennes *mind set*, vilket är en förutsättning för eventuell confirmation bias).

5) Sociala *känslor* som ackompanjerar sinnesintryck, tankar och agerande.

Med sociala känslor menar jag hat, sorg, rädsla, kärlek, avsky, skam, njutning eller överraskning, vilket brukar räknas som grundkänslor (som kan driva önsketänkande eller negativt tänkande).

6) Upplevelsen av sig själv som helhet, dvs. positiva eller negativa sinnestillstånd längs hela upprymdhet-nedstämdhet-skalan.

En människas problemlösningsförmåga kan försämras av fördomar om sig själv eller andra. Det kan vara fördomar som man ärvt av sina föräldrar eller av andra i det sociala nätverket, t.ex. *etikettering* "jag är hopplös" eller gruppetikettering "dagens ungdomar är överbeskyddade".

Det kan handla om *allt eller intet tänkande* om t.ex. politiska system. "Kapitalism är bra och socialism är dåligt".

Det kan handla om *känslotänkande*. "Det känns som att det är för svårt för mig".

Man kan ha fördomar (kognitiv bias) om sig själv och man kan ha fördomar om andra personer.

Allt eftersom en människas psykologi växer fram, skapas en unik personlig identitet och ett unikt sätt att se på livet.

Hur vi mår i stunden kan ha stor betydelse för huruvida vi känner oss kränkta i en grupp. Det påverkar också huruvida vi kan uppfatta när, och om vi kränker en annan människa i gruppen.

Inre stress kan uppstå av olika skäl, hur vi mår i familjen, i skolan eller på jobbet, hur vi har det med vänner osv.

När jag tänker tillbaka på episoden som jag beskrev i inledningen av boken (att jag frågade den kränkte eleven om han tillsammans med mig ville prata med dem som kränkt honom) kan jag tolka hans beslut så här.

Han ville inte, därför att han inte kunde veta om samtalen skulle kännas som ytterligare en kränkning, medan de som kränkt kände sig trygga med varandra, och nog skulle försvara varandra om det behövdes.

Det är så lätt hänt att det upplevs som ett olösbart problem kring ansvarsfördelning när "att alltid bli bortvald" diskuteras. Det blir bara frågan om vem som ska betraktas som mest skyldig.

Inblandade i utfrysning har som regel negativa känslor gentemot varandra vilket påverkar alla inblandades agerande. Syndabockstänkande ligger på lut.

Det hände flera gånger under min tid som skolpsykolog att jag, när jag gick på en skolgård, såg några gruffande grabbar som såg ut att vara i en mobbningsituation.

När jag gick fram och avbröt, hände som regel samma sak. Den som jag uppfattat som utsatt sa "vi lekte bara".

Det kan ha varit sant. Ett annat alternativ är att en som är utstött kan vilja dölja en skam över att befinna sig i gruppens utkant.

Det kan också ha varit så att när en vuxen avbryter, kanske de inblandade förväntar sig en ytlig "rättslig prövning" om det som skett.

Något som ofta återkom när jag arbetade på ungdomsmottagningen, var att en för sin ålder mogen ung kvinna behövde hjälp att hantera sin ångest för utfrysning av de andra tjejerna i klassen.

Nära vänskap mellan två flickor är kanske vanligare än nära vänskap mellan två pojkar, om och när flickor känner sig beroende av att känna stöd i varandra.

27

Det kan göra att förlust av en "bästis" kan ge smärta, sorg och ångest. En grupp på tre är den instabilaste av alla gruppstorlekar.

Ofta fick jag höra om klasskamrater som betedde sig som "fjortisar" och som gav gliringar med fokus på utseende.

En gruppmedveten lärare kan bilda sig en uppfattning om nätverk av kamratrelationer bland eleverna.

Läraren kan medvetet arbeta för att bjuda in alla elever in i gruppvärmen. Hon/han kan genom att se hur eleverna väljer bänk i klass-rummer, bilda sig en uppfattning om grupp-dynamiken.

Alternativt kan läraren i en orolig klass välja att bestämma vem som ska sitta var, eller samarbeta med vem. Då blir det inte lika tydligt hur eleverna väljer varandra.

Det behövs att skolans egen personal kan göra längre serier av observationer på skolgården, innan de kan komma fram till hur de kan agera för att trygga alla elever i klassen.

När jag senare i livet arbetade som psykolog vid en vårdcentral blev jag varse att upplevelser av kränkningar under skolåren kan ligga kvar som en viktig delförklaringen till senare psykiska problem.

Skolans möjligheter att förebygga själsliga sår, som kan komma av att känna sig utstött i skolan, kan vara att resonera med eleverna om hur vänskapsband utvecklas, om samarbetsanda i en grupp, om ledarteknik respektive härskarteknik, om för- och nackdelar med jämlikt samarbete och om för- och nackdekar med hierarkiskt organiserat samarbete i grupper och organisationer.

Skolan kan undervisa om varseblivningsfenomenen "figur mot bakgrund" och "selektiv perception" med många olika exempel eftersom dessa funktioner är så grundläggande för hur vi människor fungerar psykologiskt.

Ute på skolgården kan vuxna (om de har öppna sinnen) lättare se huruvida alla elever är trygga i gruppen.

Observanta vuxna kan prata med alla elever och *resonera med dem* om hur de har det på skolgården.

Vi tillbringar alla en stor del av vår uppväxt i skolan. Den tiden har stor betydelse för formandet av vår identitet.

Den "bias" (bekräftelseselektivitet) som vi alla har, fungerar så att när vi inte har fullständig information fyller vi i minnes- och kunskapsluckor till en begriplig helhet som stämmer med det vi kan förstå (hur vi redan tänker).

När Freud på sin tid hade teorier om människors försvarsmekanismer handlade det nog om just detta, att en persons bekräftelseselektivitet utgör försvar mot att för sig själv erkänna något som inte stämmer med den självbild som man hittills utvecklat.

Försvarsmekanismer, t.ex. förnekelse, bortträngning, lättare verklighetsförvrängning, intellektualisering, affektisolering, projektion m.fl. blir extra starka när man är i stress och känner sig hotad.

Grupptillhörighet

Jag kommer ihåg den dåliga stämning som jag kände i ett lärarrum, när jag ville prata med lärarna om ett mobbningsfall i den skolan. Elevens föräldrar hade kontaktat mig i min funktion som skolpsykolog. I lärarrummet kändes det som om jag hade "svurit i kyrkan".

Som tur var lyssnade en lärare i kollegiet på vad jag hade att berätta. Det var inte klassläraren utan en resurslärare.

När jag besökte någon av de många skolor som tillhörde mitt arbetsområde, och stötte på lärarkandidater i något kollegierum, brukade jag fråga om de fick utbildning om gruppdynamik och utstötthet. Då på åttiotalet fick jag alltid nekande svar.

Jag minns att jag då funderade – lärare som arbetar med grupper hela dagarna, varje dag i veckan, år ut och år in, hur kommer det sig att det inte ingår grundläggande kurser i guppdynamik under lärarutbildningen?

De lärare som jag mött tidigare, innan mitt besök i den aktuella skolan där föräldraparet kontaktat mig, hade haft medvetenhet om det sociala samspelet i deras elevgrupper, hur utstötthet fungerar och kan förebyggas.

Då på den tiden berodde det alltså inte på att de fått formell utbildning om gruppdynamik på lärarhögskolan. Vad berodde det då på? Var det personlig talang? Eller erfarenhet? Och i så fall vilken slags erfarenhet?

Det var förstås okänsligt av mig att ta upp ett fall av mobbning på skolan, i skolans lärarrum, så där utan förvarning. Jag var ung och grön och tänkte mig inte för. Jag hade tagit för givet att jag kunde prata om utfrysning med lärarna i lärarrummet.

Det hände också att jag pratade med speciallärare som var frustrerade över att de hade svårt att få gehör för idéer om hur man skulle kunna jobba med mobbningtemat.

Förmågan att förstå någon som känt sig kränkt beror nog både på talang och erfarenhet, som så mycket annat här i livet.

Så småningom förstod jag att det också kunde bero på gruppdynamiken i lärarrummet huruvida det var lätt eller inte, att prata med lärarna om gruppdynamik och utfrysning.

Det är ett känsligt ämne som lätt skapar en försvarsinställning. Det blir en moralisk fråga istället för en faktafråga om utfrysningens mekanismer och vad man kan göra åt saken. Går det att förstå hur utstötning faktiskt fungerar, både på individnivå och på gruppnivå?

Det är förstås omoraliskt att använda härskartekniker och frysa ut någon. Men vad menas med omoral?

Den österrikisk-amerikanske psykoanalytikern Otto Kernberg, som beskrivit barns moralutveckling, menar att barns moral till en början formas av föräldrarnas gensvar på barnets beteende. Sedan på grund av de konsekvenser av sitt beteende som barnet själv kan se.

I barnets logik är det värre att *av misstag* råka orsaka en stor olycka än att *medvetet* orsaka en liten olycka.

Därefter förstår barnet att det finns vissa regler som man ska leva efter, även om barnet till en början inte förstår att regler handlar om överenskommelser som man gjort.

För barnet handlar det helt enkelt om regler som bara finns, skapade av någon högre makt.

Till sist förstår ungdomar att det är *uppsåtet* i en handling som avgör om den är omoralisk eller inte.

Att med uppsåt och fri vilja stöta ut någon är så klart omoraliskt.

Man har i spädbarnsforskning sett att när barnet får iaktta dockor som antingen agerar snällt eller elakt, stannar barnets blick längst på den snälla dockan.

Upptäckterna av hjärnans spegelneuroner har hjälpt oss förstå varför vi kan känna empati med en annan människa.

Grundförutsättningar för moralitet har alltså genom människosläktets utveckling pro- grammerats in i våra gener.

Men uppväxtvillkor kan påverka hur vår individuella moralitet kommer att gestaltas i vuxen ålder.

Ärftlighetsforskningen visar att gener aktiveras eller inte aktiveras beroende på de villkor som en individ växer upp med.

Livsmiljön spelar roll för den slutliga moralitet som en människa utvecklar.

Överlevnaden har gynnats av att vi kunnat känna ömsesidig altruism. Det har varit positivt för en grupps framgång att vi kan känna solidaritet med våra närmaste.

Omvänt har också gällt, att grupptillhörighet har varit positivt för individens överlevnad. Det kan förklara vår tids problem med "fakta-resistens".

Det kan vara viktigare att kunna känna grupp-tillhörighet än att ta in fakta som inte stämmer med gruppens åsikter.

En människas psykodynamik är komp-licerad. Förutom känslor är *logiskt tänkande* och *sinnlig uppmärksamhet* viktiga faktorer som inverkar på vårt agerande.

När jag deltog i forskningsarbetet om kognitiva processer vid psykologiska institutionen såg vi hur människor kan vara inkonsistenta i sina slutlednings- och beslutstrategier.

Det betyder att två individer kan tänka med olika logik men ändå uppleva sig vara ense i en sakfråga.

Och omvänt, två personer som egentligen har lika sätt att resonera logiskt i någon sakfråga, kan uppleva sig vara oense om den saken (kanske är oeniga av skäl som har med grupptillhörighet att göra).

Makt och vanmakt

Hur blir gruppdynamiken i en skolklass som består av elever som inte alla sedan tiden i förskolan har varit vänner, eller där inte alla är mer eller mindre släkt med varandra?

För att filosofera kring den frågan kan vi behöva byta fokus från altruism inom en liten släktgrupp, till utveckling av fördomar och mobbning i grupper och i samhället i stort.

Den sextonde april 1862 beslutade president Abraham Lincoln om att slavägare i District of Columbia (Washington D.C.) skulle kompenseras av den federala regeringen för att släppa sina slavar fria.

"Emancipation Day" blev sedan successivt genomfört i de olika delstaterna i USA. I delstaten Georgi har man firat Emancipation day sedan maj 1866.

Men attityden mot färgade har fortsatt att vara fördomsfull bland en stor del av amerikas befolkning, framför allt i sydöstra staterna.

Mellan 1876 och 1965 hade man lagar i USA, s.k. Jim Crow-lagar, vars syfte var att upprätthålla segregationen mellan de olika etniska grupperna.

Därför kom rasism att bli en integrerad del i det amerikanska samhällsmaskineriet. Till exempel svårigheter för färgade att få välbetalda jobb så att de kan betala för högre studier för sina barn. Det har hållit igång en självförstärkande social återkopplingsmekanism i USA.

En amerikansk professor i sociologi (Matthew Desmond) skriver i sin bok "Evicted" om att risken att bli fängslad har kommit att definiera livet för män från fattiga bostadsområden. Vräkningar präglar livet för kvinnor.

"Fattiga svarta män blir inlåsta och fattiga svarta kvinnor blir utlåsta".

Färgade unga män, som dött i samband med polisingripanden har i amerikansk historia varit vanligt, men det är först år 2020 när polisers kroppskameror och åskådares mobilvideos kommit in i bilden, när alla kan få se hur det går till när George Floyd mördas

av en polisman i samband med ett polis-
ingripande, som större delen av befolk-
ningen i USA verkligen mobiliserar för att få
slut på systemiska gruppfördomar mot svarta.

I dagens läge ökar medvetenheten om terrorn
mot svarta. Vitas solidaritet med svarta ökar
också.

Den amerkanska vita medelklassens levnads-
standar ökar inte längre, särskilt inte efter
börskraschen 2008.

Efter mordet på George Floyd visar man i
nyhetsprogrammen filmer om massavrätt-
ningar och lynchningar av svarta, som blossat
upp i olika perioder av USA:s historia.

Statyer och minnesmärken över de som
krigade för att kunna behålla slaveriet (Con-
federationens soldater och generaler) at-
tackeras och rivs, långt efter att de under sina
liv var villiga att ge sina liv för att inte bli
bestulna på slavarna (vita jordbrukares
privata egendom).

De flesta av dessa minnesmärken restes långt efter amerikanska inbördeskriget i samband med perioder när svartas röster i samhället varit starkare.

De flesta starka musikupplevelser som jag har haft, och som präglat mig och mitt musicerande genom åren har varit Afrikansk musik och dess efterföljande sidogrenar i USA, Karibien, Sydamerika och Europa.

Den ekonomiska rikedom som genererades i Amerika pga. gratis arbetskraft för slav-ägarna håller på att bli en offenlig del i den amerikanska historieskrivningen.

Videon med polismannen som trycker sitt knä mot George Floyds hals i över åtta minuter tills han dör blev helt enkelt för mycket och ett för uppenbart uttryck för vit överlägsenhetsideologi.

Eftersom gruppfördomar kan bygga på något som är så lätt igenkännbart som hudfärg har man i USA genom åren pratat om rasism och raser.

Ord är viktiga. Ord kan förvirra. Om man förespråkar frihet, jämlikhet och broderskap och är emot gruppfördomar kan ordet *rasism* bidra till att hålla kvar föreställningen om att det faktiskt finns olika mänskliga raser.

Men genvariationen inom gruppen afrikaner är större än mellan européer och afrikaner.

Vi är alla ättlingar till en liten grupp homo sapiens som utvandrade från Östafrika till Europa, och resten av världen.

Alla människor tillhör samma ras. Det är bara det att evolutionen gynnat olika hudfärg pga olika klimatvillkor som vi människor har levt under i tusentals år.

Tidigt i evolutionen har det varit viktigt att snabbt kunna konstatera om man möter en individ som tillhör ens egen klan eller om det dyker upp någon som kommer från en annan (kanske fientlig) klan.

Den uppmärksamheten har nog under förhistorien räddat många individer från att bli dödade.

Förmågan att upptäcka om en främling kommer från en fientlig klan, genom att snabbt kunna registrera utseendet har varit en färdighet som gynnat överlevnad.

41

Att reflexmässigt upptäcka att någon vi möter är en främling finns inbyggd i våra gener.

Därför är det viktigt i dagens värld, att vara medveten om denna medfödda reflex när vi möter främlingar.

Migration över hela världen, när grupper av människor möter andra grupper i städer på ett sätt som inte var möjligt när vi levde i små klaner i skogar och på savannen, gör att den medfödda reflexen kan yttra sig som en tendens att snabbt dela in människor utifrån deras utseende.

Vi-och-dom-känslor kan snabbt uppstå och överväldiga oss.

När vi varje dag möter främlingar har vi tvingats att träna bort känslor av oro inför främlingar.

Vi behöver lugna oss för att sakligt kunna bedöma om någon, som vi inte känner igen, är ute för att utnyttja oss eller inte.

När fotbollssupportrar klär sig uniformt i samma färger med samma symboler på sina dräkter och sjunger samma sånger blir vi-och-dom-känslor lätt överväldigande.

42

Vikänslorna kan vara härliga, till och med extatiska i en fotbollsarena på ett sätt som kan liknas vid religiös extas.

Vi-och-dom-känslor kan ta sig destruktiva uttryck. De kan ligga bakom krig mellan supportar från olika fotbollsklubbar, gängslagsmål, religionskrig, rasistiska fördomar, utveckling av religiösa sekter.

Det är klargörande att säga att man är emot gruppfördomar och ojämlikhet. Men det kan vara tvetydigt att säga att man är emot rasism, eftersom det bara finns en mänsklig ras.

När en person anklagar en annan för att vara rasist, ska man då både tänka att den an-- klagande individen anklagar den andre för att tro att det finns mänskliga raser med olika människovärde, och att den som anklagar själv också tänker att de finns olika mänskliga raser?

Medfödd mörk hudfärg är *irrelevant* för hur vi fungerar *psykologiskt*. Den mörka hudfärgen fungerar som skydd mot stark solstrålning och malignt melanom.

Under evolutionens gång har vita människor fått allt ljusare hudfärg för att lättare kunna tillgodogöra sig D-vitamin som bildas i huden vid solstrålning.

I våra förtätade städer med trafikjäkt och stressat vardagsliv sker många flyktiga möten på gatan, i bussköer, på bussar och i butiker.

Man kan bli vittne till gliringar som är uttryck för en gruppfördom (klassisk härskarteknik).

Där och då finns som regel inget intresse för (eller tid till) diskussioner om vad som har hänt och anklagelser om fördomsfullhet.

Men man kan tydligt visa sitt ogillande med kroppsspråk och mimik.

Det skapar kognitiv dissonans att få veta om Thomas Jefferson, att när han författade den amerikanska konstitutionen skrev "All men are created equal", och att han ändå under sin ambassadörstid i Paris fick barn med en av sina slavinnor.

När han kom tillbaka till USA ville han vara en "good slaveowner". Deras gemensamma barn blev behandlat som hans andra slavar. Trodde *han* att det finns mänskliga raser?

44

När jag besökte Estland för några år sedan hörde jag talas om förakt mellan ester och ryssar.

Ester föraktar ryssar eftersom ryssar hade övertagit de lägenheter som ester bott i när de blev tomma efter att ester skickats till koncentrationsläger i Sibirien under sovjettiden.

Ryssar föraktar ester eftersom ryssar nu betraktas som andra klassens medborgare i Estland. Vilken etnicitet är förtryckt och vilken är förövare?

Det är förvirrande att palestiner, som pga beslut i FN fick lämna mark som de odlat och bott på under generationer, nu behandlas som andra klassens medborgare i Israel.

Vid förvirring är förutsättningarna goda för missförstånd och mytbildning.

Mytbildning och confirmation bias passar som hand i hanske.

Ingen människa är identisk med en annan människa, varken psykologiskt eller sociologiskt även om det kan finnas likheter.

Det innebär också att ingen *grupp* människor är identisk med en annan grupp.

Det är viktigt att "inte köpa" gruppfördomar. Det är också viktigt att vara medveten om hur ordet rasism fungerar i debatter.

Om vi vill uppnå frihet, jämlikhet och broderskap behöver vi vara målinriktade.

Jag minns när en duktig fotbollssperare berättade hemligheten bakom att han skjuter så många mål.

Han förklarade att när andra har fokus på att överlista målvakten har han istället fokus på mellanrummet mellan målvakten och målstolparna.

Vi kanske, istället för att prata om rasism ska prata om gruppfördomar och vilka konsekvenser det kan få i samhällsmaskineriet.

Internets roll angående gruppfördomar är så ny att vi ännu inte kan veta vilka bra eller dåliga sociologiska konsekvenser som kan komma.

Jag skriver här i boken bl.a. om mobbning i skolan. Ordet mobbning ger associationer som inte nödvändigtvis ger lösningar på problem i skolan, eftersom *mobb* betyder vandaliserande folkhop eller lynchgäng.

Om vi utgår från att utfrysning handlar om gruppsykologi – hur ska vi motverka utfrysning i skolan eller på arbetsplatsen? Vad är motsatsen till utfrysning?

När någon upprört säger "han mobbade mig" är det förvirrande. *En* person utgör inte en mobb. Det är mer precist att säga "han trakasserade mig".

Det som är avgörande är huruvida han blev uppbackad av flera personer (klass- eller arbetskamrater).

Det räcker med att kringstående är tysta och i mimik och kroppsspråk visar att de är spända (upphetsade? oroliga? rädda?) för att den trakasserade ska kunna uppleva sig vara mobbad.

Var de andras beteende tecken på solidaritet med den som trakasserade?

Ibland förvärras problemen, om det uppstår en "blame-game-dynamik" kring den mobbades problem och mobbarnas roll. Det kan pga selektiv varseblivning bli många olika tolkningar och åsikter om vad som har hänt. När inblandade blir mycket upprörda och anklagande försvåras problemlösningen.

Att efter ett upprört meningsutbyte reflektera över de upprörda känslorna kräver klarhet i begreppen om det ska gå att släppa grubblerier och gå vidare.

Om våld är med i bilden blir det mer självklart. Våld som inte handlar om lek är aldrig okey. Pojkars lek kan bestå av brottning men de som brottades kan nog avgöra om det kändes som lek eller inte. Därför ska var och en kunna säga om de uppfattade händelsen som lek eller inte.

Det kan vara svårare att dra en gräns, om vardagsjargong i en retsam gruppkultur upplevs som uttryck för öppen och god stämning.

Om någon mår dåligt i en grupp kan den personen behöva stöd – inte behöva känna sig trakasserad.

"Nollning" under höstterminens första veckor för att ta emot nybörjare på någon utbildning kan gestaltas på många olika sätt.

Ibland är de uppgifter som nybörjarna (nollor) får misstänkt lika nedvärderande trakasserier. Det kan upplevas mycket olika beroende på vilka tidigare erfarenheter som den osäkra nybörjaren har.

Nollning är i så fall trakasserier av *alla* nybörjare. Nollorna beordras t.ex. sopa golvet med tandborstar. Säger det något om andan på en skola?

Uttrycker det något om skolans identitet? Känner man sig stigmatiserad om man inte vill delta i nollningen?

Avsikten med nollningen sägs vara att skapa vikänsla. (Inom gruppen nollor?)

Nybörjarritualer kan göras på olika sätt. Jag minns med värme hur det gick till, när jag började gestaltterapeututbildningen.

Vi blev inburna i "bärstol", en efter en av äldrekursare och blev presenterade för alla i festsalen. Det signalerade bekräftelse och jämlikhet – motsatsen till mobbning.

49

Omständigheter och självförtroende

Jag var politiskt omedveten när jag skulle börja läsa sociologi efter militärtjänstgöringen.

Jag valde att göra likadant som några av mina äldre syskon hade gjort, dvs. fortsätta studera efter gymnasiet.

Min närmast äldre bror hade föreslagit att jag kunde läsa sociologi, ett bra sätt att lära känna staden där universitetet ligger. Det skulle nog bli intressant och därmed inte så betungande om man ville ägna sig åt någon hobby förutom att studera.

Min bror och jag hade haft många sommarjobb tillsammans och jag vet att han många år tidigare hade funderat på att läsa psykologi vilket jag då tyckte lät intressant, men han valde att utbilda sig till matematiklärare.

Hans råd, att jag kunde börja med sociologi passade mig utmärkt. Jag fick rätt mycket tid för spontansång med studentkamrater.

Bob Dylans Blowing in the wind, senaste Beatleslåtarna och andra populära sånger som alla kunde.

Jag spelade och sjöng i studentkvarteren och på visklubben, och utan att jag riktigt vet hur det gick till kom jag med i Gnesta-Kalles radioprogram Våra favoriter.

Jag blev inbjuden till trubadurtävling på Vispråmen Storken i Stockholm. Första omgången gick bra. Jag sjöng Josh White's "When you're Down and Out" och kom tvåa.

Andra omgången tänkte jag sjunga Ruben Nilssons "Den okände soldaten". Mitt i sången fick jag, som jag långt senare förstått, en panikattack. Det jag då presterade kan inte sägas vara sång.

Det blev en värdefull erfarenhet när jag senare i livet på ungdomsmottagningen kom att utveckla ett arbetssätt för att hjälpa unga med panikattacker.

Både sociologi och psykologi handlar om olika sidor i människors livsvillkor. I psykologin studeras själsliga funktioner som sinnesintryck, kroppsreaktioner, beteende och tänkande.

I sociologin studeras levnadsvanor, livsvillkor och sociala nätverk.

I Norrbotten, som jag kommer från, kan vi säga "Stockholm är nog bra – men det ligger så ocentralt".

Kan människor i centrum förstå människor i periferin? Och omvänt, kan människor i periferin förstå människor i de inre cirklarna i en organisation eller en nation?

Det går lättare att förmedla enhetlig information från centrum till periferin än att förmedla mångfacetterade tankar, känslor och upplevelser hos personer i periferin till de inre cirklarna i en nation eller organisation.

Ett nätverks innersta kretsar kan kommunicera med varandra lättare än med människor i periferin. Häri ligger demokratins inneboende utmaning.

Frågorna väcker fler frågor. Kan människor i periferin (ex. Norrbotten) identifiera sig med de tankar, känslor, livsvillkor, normer och preferenser som finns i Stockholmsområdet?

Hur upplever människor i periferin de människor som bor och arbetar i ett förtätat kulturutbud, nära landets beslutande församlingar och storföretagens huvudkontor?

Hur upplever människor som bor centralt de människor som bor och arbetar i Sveriges utkanter?

Kan människor nära Sveriges maktcentrum identifiera sig med tankar, känslor, livsvillkor, normer och preferenser i periferin?

Frågorna är retoriska. Jag har själv inte gjort någon sociologisk forskning i ämnet.

Men frågor om centrums relation till periferin är intressant vare sig det handlar om företags inre maktstrukturer eller om politiska församlingar. Frågeställningarna har funnits i mitt bakhuvud under i stort sett hela mitt liv och under alla år som psykolog.

Man kan se fördomar både i en skolklass och i större sammanhang, i massmedia och på nätet.

För att kunna reflektera över gruppdynamik är det bra att också reflektera över *psyko*dynamiken hos gruppmedlemmarna.

Åsikter om *mobbare* har varierat under de dryga fyrtio år jag arbetat som psykolog. Under en period dominerade föreställningen att de har dålig självkänsla. Under en annan period att mobbare har högt självförtroende.

Det ligger kanske något i båda föreställningarna.

Men vi behöver definiera vad vi menar med självkänsla respektive självförtroende.

Båda begreppen handlar om upplevelser av sig själv, om sin identitet både så som andra kan se den och som vi själva upplever den inifrån.

Självförtroende handlar om tillit till sin förmåga att klara av saker, kanske utifrån den feedback man fått från andra, men också utifrån egna erfarenheter av sitt agerande, och egna förväntningar om hur man kommer att kunna hantera händelser i olika sammanhang.

Självkänsla handlar om upplevelser av hur kroppen har känts i olika sammanhang och förväntningar om hur den kommer att kännas i liknande situationer.

55

På sidan tjugofyra har jag beskrivit grund-
läggande psykologiska funktioner som vi
behöver ta hänsyn till när vi vill förstå oss
själva.

Det kanske kan göra det lättare, i den
livslånga strävan att förstå sig själv, att
sammanfatta en helhet i psyket med hjälp av
en översikt.

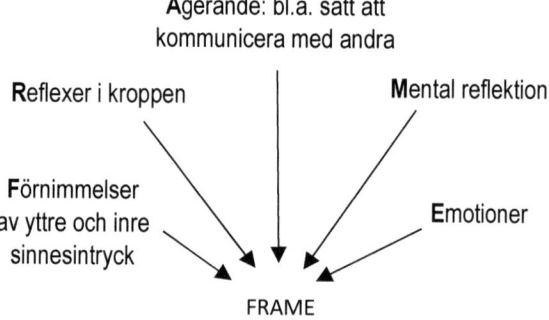

Agerande: bl.a. sätt att
kommunicera med andra

Reflexer i kroppen

Mental reflektion

Förnimmelser
av yttre och inre
sinnesintryck

Emotioner

FRAME

Upprepade upplevelser av <u>växelverkan</u>
mellan dessa variabla funktioner, ger
upplevelser av sig **Själv** och
omgivningen (flera upprepade
FRAMES)

Upprepad aktivering av de nervstrukturer i hjärnan som motsvarar de fem psykologiska funktionerna sinnesförnimmelser, reflexer i kroppen (fysiologiska funktioner), agerande, mental reflektion och sociala känslor skapar en röd tråd i självupplevelserna, en upplevelse av personlig identitet.

När vi upplever dramatiska förändringar i vår sociala situation, förlust av en relation eller någon ägodel, kan chocken skapa förvirring inom ramen för våra psykologiska upplevelser.

När vi förlorat något försöker vi mentalt hålla kvar det som är förlorat och agera som vi är vana vid att agera, även om våra sinnen säger att något saknas, samtidigt som kroppen känns uppjagad och orolig.

Vi försöker ömsom leva som om förlusten inte har skett, och ömsom som att det har hänt.

Hur kommunicerar personer som har en tendens att agera ut sin oro, och hur kommunicerar personer som är känsliga för andras missnöje?

Under mina år på ungdomsmottagningen träffade jag mest ungdomar som känt sig utsatta, och därmed också känsliga för gliringar och missnöje.

Men jag kommer särskilt ihåg en ung man som själv hade trakasserat klasskamrater på högstadiet. Nu hade han börjat gymnasiet.

Han sa "om mina gamla klasskamrater kunde se mig nu skulle dom nog tänka att jag är mobbad".

Hans samtal hos mig ledde till att han fick en högre medvetenhet om sin övergångsperiod och om trakasserier och mobbning, och vilka mekanismer i en grupp som kan leda till trakasserier.

När vi i tal och skrift uttalar oss om mobbning tänker vi nog framför allt på små grupper och gruppernas inre liv utom när det handlar om mobbning på nätet.

Det är en sak att förstå sig själv, sitt sätt att fungera i en grupp, och något annat att förstå sitt sätt att fungera i större sammanhang (i stora sociala nätverk).

Hitlerjugend i Tyskland på trettiotalet är exempel på önsketänkande om odödlighet. De blev extremt lojala mot Hitler in i det sista. Hur kunde det ske?

Innan Hitlerjugend blev den enda ungdomsrörelsen i Tyskland fanns många olika scoutrörelser i landet.

Med Hitlers maktövertagande blev Hitlerjugend den enda tillåtna.

Ibland behövs det nog att vi själva får upptäcka (den hårda vägen) att det vi bergfast kan ha trott på i ungdomen inte håller i långa loppet.

Många grupper och individer har under historiens gång så småningom fått lära den läxan.

Vi har ett dynamiskt psyke som handlar om uppmärksamhet, hur kroppen mår för tillfället, värt sätt att agera, våra tankar och känslor.

Det sker samtidigt hela tiden också gruppdynamiska processer i de grupper som vi ingår i.

Den identitet som växer fram under barn- och ungdomsåren lägger grunden till våra självupplevelser i vuxen ålder.

Det uppstod en något hetsig diskussion mellan mig och en kurskamrat när jag läste andra terminen sociologi.

Han var mycket upprörd därför att avsnitt ur Karl Marx´s skrifter fanns med på nya referenslitteraturlistan.

Alltså inte på den obligatoriska litteraturlistan utan på listan över texter som vi kunde välja att läsa om vi behövde för att fördjupa oss.

Han hade pratat med lärarna om att vi inte skulle behöva läsa Karl Marx utan fokusera på andra forskare inom sociologin. Jag fick inte veta varför min kurskamrat var så upprörd. Jag fick inte heller veta om han hade läst avsnitten ur Karl Marx´s skrifter.

Men jag tyckte att han, om han nu var så arg och irriterad på Karl Marx, skulle fördjupa sig i den litteraturen och spetsa sina motargument.

Jag själv läste aldrig just de avsnitten. Jag var mer intresserad av socialantropologi och gruppsykologi.

På den tiden fanns det gott om vänsterradikala studenter. Inte minst vid just sociologiska institutionen.

Att läsa sociologi under studentoroligheterna nittonhundrasextioåtta var nog det ämne som innebar störst sannolikhet att komma i kontakt med Karl Marx. Han hade ju varit en av grundarna till sociologin.

Marx samarbetade med Engels för att skriva "Det kommunistiska manifestet" som fick ligga till grund för samhällsexperiment i Sovjet och Kina.

Vem är egentligen beroende av vem?

I min ungdom, när historia var ett eget ämne i skolan, var mitt intresse svalt eftersom jag upplevde att min uppgift framför allt var att memorera årtal. Jag skämtade med mina klasskamrater. "Jag minns alla årtal ... 1712, 1713, 1714, 1715, 1716, 1717, 1718 ... osv."

Men jag har nog alltid varit intresserad av historiska skeenden. För oss norrbottningar var det förstås lite distanserande att vi i folkskolan skulle läsa om Gustav Vasas resa i Dalarna, som jag då aldrig hade besökt, men inte ett ord om Norrbottens historia.

Jag är medveten om att läroplanen nu har ändrats så att man i skolan börjar med att läsa om hembygdens historia och därefter vidgar cirklarna.

I vuxen ålder har jag läst psykologi, socio- logi, natur- och kulturgeografi. Det var innan jag besökte Vinterpalatset i St. Petersburg, Stockholms och Läckö slott.

Vid mina besök där försökte jag föreställa mig hur den livegna befolkningen hade det i Ryssland under Tsarväldet, eller hur bönder och soldater på Karl den tolftes tid levde. Vilka levnadsförhållanden rådde under Gabriel De La Gardies tid?

Genom att se filmer som "Robin Hood" och intressanta historiska TV-program har jag fått en viss uppfattning om hur feodalismen fungerade.

Människor i hierarkiernas bottenskikt hade urusla levnadsförhållanden. Barnadödligheten var hög och livslängden kort.

När adeln valde kungar eller kejsare ansåg sig den utvalde vara "Kung av Guds nåde" eller "Kejsare av Guds nåde" efter att ha välsignats av Påven.

Romarriket, som skapade påvedömet, hade förutom förmågan att besegra grannar i blodiga krig med terror (bl.a. korsfästningar) och att ta slavar, också förmågan att bygga handelsnätverk i hela imperiet med penningvalutasystem och skatteindrivning.

Till slut blev Romerska imperiet så stort att de inte lyckades hålla ihop centrum med periferin pga de stora avstånden, intriger och mord, och perioder av ekonomisk instabilitet och inflation

Därmed uppstod flera geografiskt mer avgränsade enväldiga furstendömen. Sedan nya sammanslagningar av högadliga envälden till kungariken, och så småningom nya imperier, bestående av mindre enheter som behövde samarbeta i tider av stridigheter och krig.

Det förefaller som att ojämlikhet driver utvecklingen mot allt större enheter och allt större avstånd mellan inre cirklar och periferi.

Långt före feodalismen och dessförinnan Romarriket hade den egyptiska högkulturen inneburit ett nästan ofattbart överflöd för de som tillhörde de innersta cirklarna i toppen av samhällspyramiden.

Det forntida Egypten hade ett väl utvecklat hierarkiskt samhällssystem med en infrastruktur av bevattningskanaler som underhölls med dagsverken som gjordes av de lägre samhällsskikten.

Odlingarna i Nildeltat var viktiga för utvecklingen av västerlandets kultur och religionsutövande.

Deltat ligger precis norr om det östafrikanska gravsänkesystemet. Forskarna menar att alla nu levande människor på jorden (homo sapiens) är ättlingar till en liten grupp afrikaner som utvandrade från Östafrika via trakterna av Nildeltat och så småningom till jordens alla hörn.

På grund av årliga översvämningar av Nilen var jordmånen där bästa tänkbara för övergång från jägar- och samlarliv till jordbruksliv, större samhällen, mer hierarkiskt strukturerade sociala nätverk, mer koncentrerad rikedom hos ett fåtal och därmed större avstånd mellan inre cirklar och periferin.

Så småningom blev härskarnas (faraonernas) överflöd absurt.

Men idag förundras vi och beundrar den storslagna kultur som fanns under faraonernas styre.

Vi beundrar också överdådiga kyrkor och slott, som allt sedan dess byggts pga de allra rikastes samhällspositioner.

Kan vi också beundra, bekräfta och uppskatta de människor som gjorde grovarbetet?

Kan vi hedra de människor som levt ett liv i periferin, på avstånd från maktens centrum? Ett liv som inte tärt på jordens resurser lika mycket som livet i de inre cirklarna bland de rikaste människorna.

Under feodalismen och ståndssamhällets tid (med adel, präster, borgare och bönder) utvecklades skråväsendet för de borgare som var hantverkare.

I och med den industriella revolution, som kapitalismen och den fria marknaden ledde till efter franska revolutionen och avskaffandet av feodalismen, har stora företag vuxit fram som inte har några egentliga konkurrenter.

I dagens läge har vi företag som Google, Facebook och Amazon. De är så stora att de i princip har monopol på marknaden.

De omsätter enorma summor och de banker som de anlitar växer.

USA har nu rätt länge varit världens största marknadsekonomi och därigenom indirekt påverkat andra länders ekonomier (de flesta internationella valutatransaktioner sker i den amerikanska valutan).

Så länge aktiebolagen i USA går med vinst delas vinsterna ut till aktieägarna. Men vid börskrascher går "the federal reserve" in och stabiliserar bankerna bl.a. genom att sänka räntan och låna ut ännu mer valuta.

Det innebär federalt stöd till banker och de rikaste och svårare villkor för den amerikanska allmänheten.

I och med att avståndet mellan rika och fattiga ökar blir det också allt tydligare att de rikaste kommer att befinna sig högt upp i maktpyramiderna.

Penningaristokratier frodas med ökad risk för självcentrering och confirmation bias i samhällets innersta cirklar.

Konflikter och konfliktforskning är en hel vetenskap i sig. Konflikter handlar inte bara om motstridiga intressen mellan olika individer och grupper i samhället. De handlar också om svårigheter för olika individer och grupper att kommunicera.

En slutsats som jag kommit till är att det kan vara förföriskt att säga att man *löser konflikter*. Ofta är det mer fruktbart att säga att man finner sätt att *hantera konflikter*.

Hur man uttrycker sig, vilka ord och vilket tonfall man har, kan vara viktigt för att undvika missförstånd och att förstå varandras positioner.

Anställare och anställda kan ha motstridiga intressen beträffande lönesättningen i ett företag, vilket kan leda till mytbildning och fördomar om varandra

Jag väljer medvetet orden *anställare* och *anställda* istället för orden arbets*givare* och arbets*tagare* för att illustrera hur ordval kan påverkar upplevelsen av parterna.

Givare har en positivare betydelsenyans än tagare.

Om man har motstridiga intressen är selektiv varseblivning (confirmation bias) och selektivt tänkande (cognitive bias) nästan oundvikligt, vilket kan försvåra förhandlingar om löner och arbetsvillkor.

Vem ger arbete till vem? En anställd ger sin arbetsinsats till en arbetsmottagare i utbyte mot penningersättning.

I byteshandeln ger den ena parten (arbetaren) sitt arbete till den andre (arbetsköparen) som i sin tur ger pengar till den part som sålt sin arbetsinsats.

Förvirrande?

Förvånansvärt många ord är inte värdeneutrala. Ord kan nog inte vara det om de ska beskriva sociologiska sammanhang.

En organisation för arbetssäljare skulle kanske upplevas på ett annat sätt än en arbetstagarorganisation, fast det i princip är samma sak.

Politiska system

Mina föräldrar hade startat och drivit en charkuterifabrik som brunnit innan jag föddes.

Då på nittonhundratrettiotalet var elinstallationer inte säkrade så som de är idag. Plus och minustrådarna var tvinnade mot varandra och tjärat tyg utgjorde yttersta isolering. Jordad ledare var inte obligatorisk och jordfelsbrytare fanns inte.

Bondekooperationen hade grundat ett andelsslakteri i Luleå och uppmanat bönderna att sända sina slaktdjur dit. Det hade nästan raserat förutsättningarna för mina föräldrars charkuteriföretag som var beroende av tillströmning av slaktdjur.

Man trodde på centralisering och större produktionsenheter. Så småningom ledde lantbruksutvecklingen till att vi fick KR-jordbruk runt om i hela Sverige. (KR = koncentrerad rationalisering).

Pappa slaktade på den gård som fött upp djuren. Han var kritisk till storskalighet, långa djurtransporter till charkuterifabriker med slakt på löpande band.

Djurhållning är i sig en komplicerad sak nu när vi har fokus på ekologi, klimatfrågan och hållbara ekonomiska system.

Idisslande kor har utpekats som miljöbovar i världen eftersom deras idisslande genererar mycket metangas.

Men kor som betar på naturbetesmark, som innefattar berg i dagen och moränjordar, är viktiga för biologisk mångfald.

Kor som vistas inomhus året runt i jättestora djurstallar, med automatiserade datoriserade mjölkningsrutiner, och som utfodras med grödor som odlats på åkermark, har onödigt stor inverkan på klimatet.

Det kan bli en politiskt laddad fråga och därför löpa stor risk att hamna i en polariserad debatt.

Det blir lätt vi-och-dom-läger i debatten som gör att beslutsprocessen blir låst, med minskade förutsättningar för kreativ problemlösning.

72

Utvecklingen mot allt större produktions-
enheter finns nu över hela världen, och drivs
på av ekonomiska krafter i konkurrensen att
överleva med "tillräcklig" vinstnivå.

Det blir lättare att producera vinst till aktie-
ägare vid sammanslagning av aktiebolag.
Karteller kan lättare sänka produktions-
kostnader och höja marknadspriser på de
varor och tjänster som produceras.
Småföretag får svårare att överleva.

Så det var inte konstigt att min far röstade på
det liberala partiet (som då hette folkpartiet).
När jag blev tonåring frågade pappa vad jag
tyckte om kommunismen och om liberal-
ismen. Jag svarade, utan att tänka särskilt
länge, att jag inte tyckte om någon "ism". Jag
kommer ihåg hans nöjda min.

Jag tänkte inte fullt så medvetet då, men i
dagens läge tänker jag att "ism–tillhörighet"
innebär att leva med en viss referensram
(info-bubbla).

Av det följer nästan automatiskt confirmation
bias hos dem som har "ismens" identitet i
möten med personer som har andra vär-
deringar.

73

Folkomröstningen om EU-medlemskap inne-
bar för mig, som för så många andra ett
dilemma. Det blev inte lättare av att en
politiker som företrädde jasidan, i en radio-
intervju inte kunde nämna *en enda* nackdel
som skulle kunna komma om vi gick med i
Europeiska Unionen.

Jag upplevde att jasidans viktigaste argument
syftade till att väcka människors rädsla för
hur det skulle gå för Sverige om vi inte
röstade ja.

Jag tänkte att politikern som blev intervjuad
nog tillhörde de inre cirklarna i ett politiskt
parti, som beslutat sig att rösta ja.

Jag frågade mig själv hur den inre kom-
munikationen och styrningen av EU skulle
komma att fungera. Skulle kommunika-
tionen mellan centrum och periferin fungera
effektivt och bekräfta alla delar av Europa?

Skulle alla känna sig som lika värdefulla
medborgare i unionen? För mig handlade det
inte bara om en tullunion. Det handlade också
om förståelse, mänsklig kommunikation och
identitet – samarbete i världen överhuvud-
taget.

Jag är som sagt född och uppvuxen i Norrbotten. Hela mitt liv har jag varit medveten om att norrbottning-identiteten främst definieras *utifrån* och att många som har åsikter om Norrbotten aldrig varit där.

Om någon bott tillfälligt, eller bara turistat i Norrbotten, har den personen garanterat inte upplevt landskapet på samma sätt som jag gjorde när jag var ung.

Varje människas upplevelse i tid och rum är helt unik för just den människan.

När jag var liten på femtiotalet skämtade mina äldre syskon om utlänningar som trodde att det gick isbjörnar på gatorna hos oss i Norrbotten.

Ett rätt färskt exempel upplevde jag för ett par år sedan. Jag var på fest i min nuvarande hemtrakt i Dalarna. Vi pratade om att svenskar i allmänhet självklart åker söderut på semester.

En kvinna berättade att hon varit på semester i pitebygden.

Men hon hade blivit så besviken. Jag frågade varför. Hon förklarade att hon inte hade sett några fjäll (kustlandet i Norrbotten är lika platt som Mälardalen).

När jag var tonåring berättade pappa om en officer söderifrån som klagat på att mannarna "klädde sig som kärringar". Pappa hade ingått i en kavallerienhet vid en vinterövning under åren när andra världskriget pågick.

Han konstaterade lakoniskt att officeren i fråga förfrös öronen.

Den där känslan av att bli definierad av någon som inte verkar ha en aning om vem jag är och vilka livsvillkor och preferenser jag har bidrog till att jag röstade nej i folkomröstningen om svenskt EU-medlemskap.

Jag tänkte att det sätt på vilket Norrbotten betraktats i Stockholm med omnejd nu skulle komma att gälla *Sverige*.

Medlemslandet Sverige skulle ur Brysselperspektiv komma att bli ett "europeiskt Norrbotten".

Mitt andra skäl till att rösta nej var att jag tänkte att en grupps (eller ett nätverks) storlek *har* betydelse för dess inre liv.

Jag hade många erfarenheter av det, uppvuxen i en familj med många syskon (fyra systrar och sex bröder), erfarenhet av tiden i det militära, och under åren som skolpsykolog erfarenhet av olika stora skolor, med olika klasstorlekar.

Jag trodde helt enkelt inte att *större är bättre* utom möjligen att vi i så fall borde inkludera *alla länder på jorden* för att kunna hantera klimatfrågan.

Och beträffande det internationella samarbetet tänkte jag att "man behöver inte gifta sig för att samarbeta bra".

Ett par av mammas syskon emigrerade till USA i början av nittonhundratalet. Jag blev, liksom de flesta svenskar, uppfostrad till att beundra och gilla Amerika.

Under protestvågen i Amerika mot USA:s krig i Vietnam och vänstervågen i Sverige fick jag, som så många andra, en inre konflikt kring vilket ekonomiskt system som fungerar bäst.

Kapitalismen i USA eller kommunismen i Ryssland och Kina?

Efterhand kom jag till slutsatsen att dilemmat handlar om så många olika frågor.

Hur bra beslut kan bli fattade mot bakgrund av storlek och folkmängd i landet.

Vilka belöningssystem finns i de olika ekonomiska systemen?

Hur hanterar de olika systemen individualitet och kreativitet? Är det möjligt att tänka kreativt och fritt?

Är det är möjligt för alla att kommunicera fritt och öppet i alla sammanhang?

Gynnar det ekonomiska systemet personlig identitet, integritet och självrespekt?

Gynnas en positiv upplevelse av nationen som inte bygger på nedvärdering av andra nationer?

I vår tid när Kina snabbt håller på att växa förbi USA som största ekonomi i världen blir jag konfunderad igen.

Vilket ekonomiskt system är egentligen bäst? Vilket beslutfattandesystem fungerar bäst?

Finns en rättssäkerhet med självständiga domstolar? Har den enskilde rättsskydd mot övergrepp från staten? Finns yttrandefrihet och religionsfrihet? Mänskliga rättigheter och möjlighet till utbildning och hälsovård även för fattiga medborgare? Finns lika möjligheter för flickor och pojkar?

För en kort tid sedan dyker en Youtubevideo med Richard D. Wolff, en ekonomiprofessor på Manhattan, upp i mitt webbsiteflöde. Han är uppvuxen i USA och har fått den bästa tänkbara utbildning i USA. Han har undervisat om ekonomi hela sitt yrkesverksamma liv.

Richard Wolff har bl.a. skrivit böckerna "Democracy at work" och "Understanding Marxism".

Dr. Wolff blir nu (år 2020) inbjuden till föreläsningar runt om i landet. Hans internet-blogg och föreläsningar utgår från frågeställningen "Vad är det för fel på kapitalismen i USA?"

Understandig Marxism: Questions and Answers with Richard D. Wolff (June 2019) är ett mycket upplysande Youtubeklipp.

Wolff föreläser om Karl Marx's levnads-historia och analys av kapitalismen. Om hur Marx la märke till att det som franska revolutionen ville ha, frihet, jämlikhet och broderskap, inte hade utvecklats under tiden efter feodalismen, inte ens hundrafemtio år efter franska revolutionen.

Jag läste inte Marx's skrifter när jag pluggade sociologi. Men jag hörde under sjuttio- och åttiotalet ofta åsikter som byggde på Marx's *Kapitalet* samt Marx's och Engels gemen-samma *Det kommunistiska manifestet* som blev utgångspunkter för revolutionärer i Ryssland och Kina, och därmed också för mina vänner och bekanta som förespråkade kommunism.

Marx's bok "Kapitalet" syftade till att analysera hur kapitalismen fungerar som ekonomiskt system.

Richard Wolff exemplifierar: En möbelfabrikant, som äger verktyg och trämaterial som möbler ska tillverkas av, anställer personer som arbetar med tillverkningen.

Från början kan fabrikören behöva låna för att köpa verktyg och material till möblerna. När en möbel är klar kostar den exempelvis två tusen kronor på marknaden. Mervärdet hos den färdiga möbeln ska nu fördelas mellan ägaren (fabrikören) och de som tillsammans med honom/henne gjorde jobbet att tillverka möbeln.

Det är just fördelningen av vinsten som är kärnpunkten i analyser av hur kapitalism fungerar. Och det är precis det som Marx kom fram till.

Om vi nu stannar upp ett tag och funderar över flera frågor som dyker upp.

Hur är stämningen på arbetsplatsen? Är det för mycket stress eller lagom mycket? Är det tryggt eller oroligt?

Känner de anställda stolthet över sin roll, sin arbetsinsats och över företaget? Har man "frihet, jämlikhet och broderskap" i arbetet?

Utövar fabrikören/ägaren press för lägre löner genom att hota med att flytta arbetsplatsen utomlands till billigare arbetskraft?

Om möbelföretaget växer och får fler enheter runt om i landet, hur påverkar det stämningen på arbetsplatsen?

Richard Wolff belyser sin syn på Coronakrisen i USA. Landet har problem att hantera både pandemin och ekonomin.

I ett Youtubeklipp kan man se den amerikanske nationalekonomen Joseph E. Stiglitz (som fick Nobelpriset i ekonomi 2001) föreläsa för personal vid Google om ekonomiska analyser. Om asymmetrisk information och om att ojämlikhet i ett samhälle hämmar ekonomisk tillväxt.

I vår tid har guldmyntfoten i många länder ersatts med amerikanska dollar som valutareserv.

Dvs. värdet av alla mynt och sedlar behöver inte längre säkras utifrån värdet av guld-

tackorna som ska förvaras i centralbanker-
nas kassavalv.

Valuta skapas nu i praktiken av banker som
symboliskt värde för privat egendom och
värdet av fastigheter som köpts till (digitala)
summor som banken lånat ut. Värdet av
belånade fastigheter och annan belånad
egendom fungerar som säkring av valutan.

Fysiska pengar, mynt och sedlar, utgör bara
tre till åtta procent av våra ekonomier.

Det betyder att valutor kan existera och
fungera så länge som vi har förtroende för
bankernas utlåningsverksamhet.

Dvs. så länge vår confirmation bias står sig,
att vi litar på trovärdigheten hos våra banker,
ekonomer och jurister samt våra politiska
ledare.

Jag kan se likheter mellan denna moderna
nationalekonomiska verklighet och historiska
sociologiska realiteter, när man litade på
faraoner och påvar som hade stort inflytande
i religiösa, sociala och ekonomiska hierarkier
på ett sätt som inte allmänheten hade.

Vi kommer tillbaka till frågan som jag ställde i inledningen: "Kan makthavarna i centrum förstå människor i periferin? Och omvänt, kan människor i periferin förstå, och lita på dem som finns i de inre samhällskretsar som fattar beslut som berör oss alla?"

Religiositet och inre cirklar

Den antika egyptiska jordbrukskulturen blomstrade under faraoner, präster, ämbetsmän och skrivare i toppen på ett hierarkiskt samhällssystem med beredskapsarbeten för de lägre samhällsskikten.

Dagsverken för att underhålla bevattningssystemen var strategiskt inplanerade mellan Nilens årliga översvämningsperioder.

Egyptisk religiositet har jag fått kunskap om relativt sent i mitt liv. Min egen introduktion i religiositet skedde tidigt. Den blev en from och stillsam inskolning i den svenska statskyrkans söndagsskola. Vi sjöng psalmerna i nästan släpigt tempo. Kyrkoherdens agerande var stillsamt och värdigt.

I småskolan blev vi undervisade i kristendomskunskap. I realskolan hette ämnet istället religionskunskap. Det var en markering av svenska skolmyndigheter att läroplanen nu skulle innefatta undervisning om flera olika religioner.

Därmed vidgades mitt perspektiv på religiositet, även mina egna upplevelser i söndagsskolan där det hade varit en tolerant och kärleksfull stämning

I ett intressant Youtube-klipp med Dr. Andy Thomson "The Neuro-physiology of Religious Belief & Spiritual Practice" beskrivs religiositetens ursprung.

Han menar att religiositetens gemensamma ursprung är sång, dans och trans. När jag lägger ihop detta med annat jag lärt genom åren växer en bild fram.

I jägar- och samlarkulturerna i Afrika fanns flera gudar. Sång och dansritualer till trummor ledde till gudomlig trans, som en religiös ledare kunde tolka som kontakt med en jaktgud, en helande gud, en skapelsegud eller en gud som står över allt (solguden).

Regndans illustrerar hur regnet faller. En jaktdans kan gestalta en lyckad jakt. De uttrycker en bön om livgivande regn eller god jaktlycka.

Det ligger nära till hands att besjäla solen och dess eviga förmåga att återskapa naturen.

Naturfolk hade bättre sinnlig kontakt med naturen och större känslighet för onormala ljus- och väderfenomen, årstidsväxlingar, växtlighetens cykler och olika himlafenomen jämfört med hur vi moderna människor fungerar.

I Egypten, Grekland, Rom, Indien, Kina, Oceanien och även i Norden har föreställningar om olika gudavärldar (Pantheons) utvecklats, där varje gudsgestalt representerar någon sida av mänskligt agerande.

Jag föreställer mig att gudar har skapats av människorna under sång-dans-trans-ritualer för att förbereda hela klanen inför krig eller någon kommande högtid (t.ex. skördefest).

Festliga sammankomster med gestaltningar av förfäders gudar ger en högst personlig upplevelse, inte bara i en religiös ledare utan också i alla som tillhör samma grupp. Även de högsta ledarna i ett samhälle har en psykologi, liksom alla vi andra.

Upplevelser av kärlek eller krigsberedskap kan projicieras till yttre symboler, idoler eller gudar som Venus och hennes son Cupido eller Mars och hans söner Romulus och Remus.

De som tillbad krigsgudar eller kärleksgudar fick kanske, genom livlig visualisering av eget agerande och en målsättning, hjälp till framgångsrikt agerande i krig eller kärlek.

Krigsherrar, religiösa ledare och andra samhällstoppar kunde vara nyfikna på sagor och myter om krigsmotståndares hjältars och gudars bedrifter som berättades bland dem man ville lägga under sig.

Romarna accepterade olika gudsuppfattningar bland befolkningsgrupperna inom sitt imperium.

Om jag förstått det hela rätt kristnades hela romarriket under Konstantin den store efter att han vunnit ett fältslag där soldaterna hade en symbol för de kristnas gud på sina sköldar.

Vår tids idoler kan både associeras med gruppers inre cirklar och förmedla värderingar till beundrarna.

I vår tid kanske både idolerna själva och beundrarna behöver få höra sagan om den grekiske hjälten Ikaros som flög så nära solen att vingarna sveddes och han störtade i havet.

När man beundrar en idol är yttre sinnen, inre sinnen, reaktioner i autonoma nervsystemet, beundrande tankar och känslor (ofta tillsammans med dans) med i upplevelsen.

Amerikansk gospelsång drabbade mig verkligen starkt med sin musikaliska glädje och gruppdynamiska intensitet. Det var bara det att när jag första gången upplevde gospelsång trodde jag inte längre på den kristna osynliga guden som en från mig avgränsad god och allsmäktig agent i kosmos som har skapat mig.

I den mån jag själv har upplevt den kristna guden har min interoception (en känsla i kroppen) tillsammans med mina minnen från söndagsskoleundervisningen varit det hela.

Den gudsupplevelsen är en gemensam skapelse av mig och lärarna i söndagsskolan

Mitt tänkande om religiositet påverkades av religionsundervisningen i skolan. Jag har allt mer blivit en nyfiken observatör av hur människor beter sig och uttrycker sig i samband med religionsutövande.

Bönesvar bland troende kan som jag ser det, vara en konsekvens av, att man i relation till den gud som man föreställer sig och tillber, i sin tro litar på magkänslan (sin interoception) om att man kommer att blir välsignad/ bekräftad av gud, och sedan selektivt söker efter yttre eller inre bekräftelse på bönesvar.

När en grupp, som tror på samma gud, ber om något kan gruppen gemensamt bidra till upplevelsen av att det man ber om också sker.

I Egypten hade en av faraonerna (Akhenaton) prövat införa monoteism men misslyckats.

Föreställningen om *en* högste gud (solguden), som Akhenaton själv stod närmast, var förmodligen en gruppdynamisk skapelse i de innersta cirklarna (inklusive honom själv) av egyptiskt maktutövande.

Men när han dog ville de egyptiska prästerna ha tillbaka tron på flera gudar, sannolikt därför att det bättre motsvarade prästernas och folkets confirmation bias, deras föreställningsvärld, samhällslogistik och ritualer.

Vår tid och kommunikation

När den amerikanske advokaten och politikern Ralph Nader, känd för sin aktivism för trafiksäkerhet och konsumentintressen i kamp mot storföretag, dök upp i mitt internetflöde blev jag påmind om styrkan i confirmation bias.

Den som söker argument för rökningens ofarlighet, säkerhetsföreskrifters onödighet eller överdrifter om allvaret i miljöförstörelsen, får säkert kraft i självbekräftelsebehoven när de kommer fram till sina åsikter.

Är det möjligt för mänskligheten att genomgå en förvandling till ett sätt att leva, som är förenligt med hållbart nyttjande av jordens naturresurser, i frihet, jämlikhet och broderskap?

Hur levde mänskligheten under alla tusentals år som vi levde som jägare-samlare? Finns det något att lära av det?

En viktig faktor var att man inte utnyttjade naturen alltför ensidigt, alltför hårt.

När jordklotet var glesbefolkad kunde man vid behov flytta till bättre jaktmarker.

Nu i vår tid har vi överbefolkning och krympande jordbruksmark pga urbanisering och stigande havsnivåer. Vi lever med risk för ovanligt våldsamma regnoväder, veckor och månader av torka, skogsbränder, ekologiska förändringar, hot om utrotning av viktiga djurarter, översvämningar och jordskred. Vi behöver finna andra lösningar än att rent fysiskt flytta.

Det finns inte längre några outnyttjade jordbruksmarker annat än i Amazonas och andra skogbevuxna områden i periferin av mänskliga bosättningar, och de områdena behöver bevaras för klimatets skull.

En annan viktig faktor i livsvillkoren under jägar-samlartiden var de sociala nätverkens storlek. Människan levde i nätverk som begränsades till klanens storlek. Kontakt med andra klaner var inte vardag.

Nu med global uppvärmning och sociala nätverk som skulle kunna omfatta hela jorden behöver vi finna nya lösningar för att skapa hopp om en hållbar framtid.

För att helt och fullt känna en annan människa behöver vi också känna den människans sociala kontaktnät.

Hjärnans sätt att fungera utvecklades under förhållanden som rådde under jägarsamlartiden. Vårt sätt att hantera naturliga och sociala hot formades under den tiden.

Storleken har betydelse när det kommer till storleken på de grupper vi lever i.

Det finns en matematisk formel för att räkna ut hur många möjliga relationer som finns i en grupp som vi ingår i.

Om A står för *antalet individer* i gruppen (inklusive mig själv) och A(r) står för *antal möjliga relationer* i gruppen, ser formeln ut så här:

$$\frac{A \times (A - 1)}{2} = A(r)$$

Antalet individer i gruppen (inklusive mig själv), *gånger* antalet individer minus en individ (jag själv), *delat med* två, är lika med antalet *möjliga relationer* i gruppen.

Ett par individer innebär en relation. En grupp på tre innebär tre relationer. En grupp på fyra innehåller sex relationer. En grupp på fem innehåller tio möjliga relationer.

En grupp på sex innebär femton möjliga relationer. En skolklass på trettio elever innebär fyrahundratrettiofem möjliga relationer.

En släkt bestående av femtio personer är inte så stor, men den kan vara tillräckligt stor för att det ska kunna vara svårt att veta vad varje individ faktiskt tycker och tänker i känsliga frågor. Samtidigt är den så liten att det kan kännas obehagligt att ha avvikande åsikter.

Femtio individer i ett socialt nätverk innebär ettusentvåhundratjugofem möjliga relationer mellan två individer.

Liknande matematiska formler kan användas för att beskriva exponentiell ökningstakt i många sociologiska och biologiska nätverk. Spridning av virus och bakterier, spridning av rykten, befolkningsökning m.m., givet att man också räknar med andra relevanta faktorer.

Virusspridning beror på antalet möjliga kontakter mellan människor. Ryktesspridning kan bl.a. påverkas av antalet mobiltelefoner och datorer.

Befolkningsökning påverkas av antal barn per föräldrapar, sjukdomar, svält, naturkatastrofer, miljöförstöring osv.

Beträffande demokrati på arbetsplatsen är arbetsgruppens storlek viktig för att skapa trygg kommunikation inom gruppen.

Känslan av trygghet påverkar möjligheten att hantera kommunikationssvårigheter som ligger på lut när vi människor ska kommunicera.

De flesta som har eller haft hund har upplevt att det kan vara mindre risk för missförstånd mellan hund och människa än det kan vara människa till människa.

Relationen människa–hund är ojämlik. Hunden är lojal under alla omständigheter. Det är så auktoritära ledare vill ha det i förhållande till sina medmänniskor.

Om en arbetsgrupp ska fungera kreativt behöver den kunna hantera *jämlikhet inom*

97

gruppen. Räkna med att varje individ har en helt unik livserfarenhet som kan bidra till gruppens kreativitet, men som också kan göra det svårt att kommunicera.

Varje individ har ju sin "confirmation bias" och sitt självbekräftelsebehov som kan avvisas om någon utövar härskartekniker.

Många människor vänder sig till Gud i svåra tider. Richard Dawkins har i "The God Delusion" påpekat hur Gud i gamla testamentet kräver att människan ska vara obrottsligt lojal under alla omständigheter.

Och han kräver att vi inte ska ha några andra gudar jämte honom.

Dan Barker (en avhoppad pastor) i organisationen Freedom From Religion Foundation, lägger i bloggen "Ask an Atheist" ut texten till stöd för Richard Dawkins olika påståenden.

Den bibelskolade PhD. Bart D. Ehrman föreläser om det nya testamentets motsägelser.

I Dr. Andy Thomsons "Morality: From the Heavens or From Nature?" beskriver han hur moraliteten finns inbyggd i våra gener.

De första mänskliga religiösa ritualerna fanns under det skede i evolutionen när avståndet mellan inre cirklar och social periferi begränsades av den egna stammen.

Jag har många gånger varit förundrad över att människan verkar vara så angelägen om att få förklaringar på livets gåtor i himlen, i universum, i forskning om extrasolära planeter och galaxer, "big bang" (allt längre bort från sig själv), så att hon glömmer bort att lösningen på självmedvetens gåta bara kan sökas i funktioner i oss själva.

Jag tycker att, på samma sätt som vi kan vända zoomningen i vår mobil mot oss själva, kan vi söka efter faktorer som förklarar upplevelsen av livet inombords. Ta "psykologiska selfies" och sedan reflektera över våra "FRAMES" (se sidan 56).

Är det först i relation till andra människor som vi blir självmedvetna?

Den samhällsenergi som uttrycktes med sång, dans och trans är kanske ett fruktbart sätt att i nutid *mobilisera mänskligheten* för att rädda moder jord från en "point of no return" om den globala uppvärmningen skulle skena därför att vi har passerat en ekologisk tipping-point.

Om vi ska kunna ta ansvar och hantera den miljöförstöring som vi själva åstadkommit behöver vi förstå och bekräfta människo-släktets beteendemönster, kommunikations-mönster, tankemönster och confirmation bias.

När "de tre O-na" (reportrarna Orup, Ortmark och Olivecrona) första gången hade en s.k. skjutjärnsintervju med den svenske stat-ministern Tage Erlander var det en befriande avvikelse från den respektfulla underdånighet som tidigare varit vanlig vid intervjuer med politiker.

Men det som från början bara var exempel på rättframhet i de tre O-nas intervju, kan ibland i våra nyhetsprogram bli till en aggressivitet, som överskuggar det som saken gäller.

Tabell 1 och tabell 2 på följande sidor är sätt att beskriva komplexiteten i kommunika-tionen mellan en studioreporter och en politiker.

TV-tittarnas syn på *reportern*, politikern och deras respektive roller
Vad *reportern* uppmärksammar i politikerns uttalande, tonfall, mimik och kroppsspråk
Vad *reportern* i sitt inre förnimmer av egna kroppsliga reaktioner
Hur *reportern* uttrycker sig i ord, tonfall, mimik, kroppsspråk
Hur *reportern* tolkar sina egna kroppsliga förnimmelser och sina intryck av politikern samt reflektioner kring tolkningarna (reporterns tänkande om sin relation till samtalsämnet och politikern)
Reporterns känslor inför samtalsämnet och situationen
Reporterns upplevelser av sin reporteridentitet och sin uppgift i sammanhanget

(tabell 1)

Journalistens tolkningar av bakomliggande orsaker till det som politikern säger, och hur politikern agerar, kan vara färgade av journalistens sätt att tänka och känna om den politik som politikern företräder.

Gränsen mellan journalistens roll och politikerns roll kanske ibland inte är tillräckligt medveten, varken hos politikern eller studioreportern.

Det kan vara svårt för två verklighetsuppfattningar att mötas särskilt om båda aktörerna är uppjagade av någon anledning.

Låt mig nu i tabell 2 presentera ramstrukturen i politikerns sätt att uppleva situationen.

Politikern ska representera sina partikamrater, sin egen och partikamraternas övergripande politiska linje, partiets ställning i riksdagen och sin egen kunskap inom det område som intervjun handlar om.

TV-tittarnas syn på *politikern*, journalisten och deras respektive roller
Vad *politikern* uppmärksammar i journalistens sätt att fråga, tonfall, mimik och kroppsspråk
Vad *politikern* i sitt inre förnimmer av egna kroppsliga reaktioner
Hur *politikern* uttrycker sig i ord, tonfall, mimik, kroppsspråk
Hur *politikern* tolkar sina egna kroppsliga förnimmelser och sina ståndpunkter i sakfrågan samt reflektioner kring intervjuns utveckling (politikerns tänkande om samtalsämnet och journalistens frågor)
Politikerns känslor inför samtalsämnet och situationen
Politikerns upplevelser av sin politiska identitet och sin uppgift i intervjun

(tabell 2)

Om politikerns och studioreporterns frågor och svar är nyfiket inkännande, med eftertänksamma svar och eftertänksamt lyssnande, ökar förutsättningarna för en klargörande utfrågning.

Det är extra viktigt när det handlar om komplexa samhällsfrågor.

Ibland händer det att jag upplever att reportern inte är nöjd med svaren och pressar politikern.

"Så du säger att…" kan sägas med attackerande tonfall eller nyfiket frågande tonfall.

Studioreportern kanske säger "vad säger du om den kritiken?"

"Den kritiken" ska nog definieras som "den partiska åsikten i saken", men jag hör ibland för mitt inre öra att frågeställaren menar "den kritiken betyder att du har gjort fel!"

Jag kan ibland få en känsla av ett triangeldrama (mellan politikern, studioreportern och mig själv).

Vem håller jag på? Istället för att hjälpa mig att förstå ett komplext systemiskt samhällsfenomen som behöver belysas och förtydligas.

Jag kan ibland känna mig hindrad från att bli informerad på djupet om vad som händer i en komplex sakfråga som berör mig, om ett nyhetsinslag utvecklas till ett "blamegame".

Confirmation bias frodas i blamegames.

Jag föredrar diskussionsprogram där två i ämnet insatta personer resonerar för att reda ut begreppen.

Varför förbereds studiodebatter som om man vill få till en match mellan två kämpande motståndare som ska gå en boxningsrond med studioreportern som ringdomare?

Min erfarenhet är att kommunikation och problemlösning försämras av hets.

Allsidigt avvägd kommunikation av nyheter och samhällsinformation via våra massmedier är som regel komplicerat och mångbottnat.

Vilken effekt kan människors bekräftelse-behov ha på relationen mellan de som be-finner sig i inre cirklar och de som befinner sig i periferin i grupper och sociala nätverk?

Jag kan bara reflektera utifrån personliga er-farenheter eftersom jag inte sett någon socio-logisk studie som belyser just den frågan.

En fördom som jag många gånger mött är att norrbottningar är tystlåtna. Pitemålet avviker mycket från rikssvenskan. Som jag ser det skulle pitemålet för bara några generationer sedan uppfylla kriterierna för att kunna definieras som ett eget språk (att det helt enkelt inte kunde förstås av någon som inte pratat eller hört det från barnsben) om det inte vore så att det som definierar ett språk i hög grad avgörs av historiska och politiska fak-torer.

I dagens läge kan jag i radio eller TV, när någon från mina hemtrakter intervjuas, höra meningsbyggnad, satsmelodi och vokal-klanger som anpassats till standardsvenska.

Pitemålet i sig har många egna ord, ibland egen meningsbyggnad, och innehåller många diftonger, dvs glidningar mellan två vokalljud i samma stavelse.

Så länge talarna känner att de behöver växla mellan pitemål och standardsvenska efter situationens krav torde skillnaden vara tillräckligt stor för att man ska kunna tala om två skilda språkarter.

När accentuerad norrländsk brytning förekommer i massmedia hör jag den som regel i något TV-inslag där den norrländska brytningen kan höras från en mindre vetande driftkucku.

"Han var träbaråon!" Ett kärnfullt typiskt norrländskt ironiskt epitet om sågverksägare vars status som "baron" skapats av norrländska naturresurser med norrländsk arbetskraft.

Om någon av mina släktingar i tidigare generationer mötte en person *som kom från södra Sverige* var det fullt förståeligt om mina släktingar blev tystlåtna.

Sörlänningar förstod sannolikt inte en person som pratade pitemål *varken språkligt eller kulturellt.*

Vi behöver bejaka komplexiteten i det komplexa. För att göra det behöver vi vara lugna inombords och tänka klarsynt.

Vi behöver öka samhällets förmåga att förstå och hantera systemiska ömsesidiga orsakssamband.

Sociologiska mekanismer och biologisk ekologi utgör system. De består av komplicerade ömsesidiga påverkansmekanismer.

Växtligheten på jorden påverkas av klimatet och klimatet påverkas av växtligheten.

Tankar påverkas av känslor och känslor påverkas av tankar.

Selektiv varseblivning påverkas av tankar och känslor. Tankar och känslor påverkas av selektiv varseblivning.

Ett lands styrelseskick påverkas av människorna i landet och människorna i landet påverkas av dess styrelseskick.

Världens klimat är ett system.

Människans kropp är ett biologiskt system.

Vårt psyke är ett system.

Sociologin handlar om samhällssystem.

Parrelationer innebär per definition ömsesidiga påverkansmekanismer.

Pandemiers utbredning är systemisk och bekämpningen bör utgå från komplexiteten i sjukdomen, våra komplexa samhällen och sjukvårdsapparaten.

Naturens ekologi är systemisk, dvs. innefattar många ömsesidiga påverkansmekanismer.

I lika hög grad innefattar samhällssystem dynamiska påverkansmekanismer.

Systemiska förändringar tar tid. Det kan vara svårt att göra en prognos om hur lång tid som behövs för att systemiska förändringar ska bli märkbara.

Analyserande och hanterande av svåranalyserade system som innefattar komplexa återkopplingsmekanismer förtjänar respekt.

Vi behöver eftertänksam problemlösning, inte hets i Tv-studion, hat på nätet och högt tonläge i den allmänna debatten.

Det gäller de flesta problem vi har i samhället. Problem med utfrysning, ojämlikhet, drogmissbruk.

Hur ska vi nå målen att skapa en hållbar värld utan miljöförstöring, konstant medeltemperaturhöjning och extremare väderhändelser?

Uppvärmningen av jordklotet innebär att havsnivåerna stiger. Rätten att nyttja naturresurserna i havsbottens kontinentalsocklar kan behöva definieras om av FN när havsnivån stiger.

Hur kan vi säkerställa frihet, jämlikhet, demokrati och syskonskap (systerskap och broderskap) i ett hållbart nyttjande av jordklotets resurser?

Ökning av bruttonationalprodukten (BNP) är inget bra mått på ökad livskvalité för alla, med frisk luft, friska ekosystem, näringsriktig mat, välstånd för alla och minskad stress i arbets- och privatliv.

Ömsesidig kommunikation mellan centrum och periferin har nog alltid varit demokratins utmaning.

Nu när det är möjligt att deklarera sin inkomst via nätet kanske vi också mellan riksdagsvalen kunde lämna in en allmän opinionsundersökning, som vägledning för partierna angående vilken angelägenhetsgrad vi väljare tycker att riksdagen bör tillmäta olika samhällsfrågor.

Nya möjligheter

I vår tid finns möjligheter att lära sig allt möjligt i vardagsrummet via dator- eller TV-skärmen.

I Sverige har vi möjlighet att se utländska nyhetssändningar, Kunskapskanalen, Axess-kanalen, Youtube, TED Talks m.m.

Man kan se instruktioner "online" om hur man lär sig spela kända musikstycken, hur man kopplar och löder gitarrmikrofoner, hur man själv bygger en veranda osv.

Det är möjligt att se förstklassiga föreläsningar i neuropsykologi, fysiologi, biologi, utvecklingslära, arkeologi, ekonomi m.m. med auktoriteter inom respektive vetenskaper.

Helt nya möjligheter jämfört med när jag var ung. När jag föddes nittonhundrafyrtiosex fanns inte TV, inte datorer, inte mobiltelefoner, inte internet.

Nu när jag är pensionär och suger i mig allt som intresserar mig känns det riktigt lyxigt.

Jag ser nog mest det som handlar om sådant som jag genom åren kommit i kontakt med i mitt yrkes- och privatliv.

Teologi har varit intressant mer eller mindre under hela mitt liv därför att min ungdoms- kamrats pappa var pastor i en församling.

På gymnasiet läste jag på reallinjens biologiska gren. Under universitetsåren var jag med i studentteatern och student- orkestern. Jag har läst sociologi, natur- och kulturgeografi, psykologi och pedagogik.

Allt bildar bakgrund i min kunskapstörst när jag nu kan se det jag är nyfiken på via nätet.

Jag är medveten om att algoritmerna som matar fram förslag till nya Youtube-videos fungerar selektivt. Nya klipp väljs därför att de på ett eller annat sätt knyter an till de webbsiter som jag redan tittat på. I de nya klippen uttrycks oftast liknande åsikter som i de som jag redan tittat på.

På så sätt förstärker internet-selektiviteten den psykologiska varseblivnings-selektivitet som jag, liksom de flesta, har inbyggd i mitt psyke (min självbekräftelseselektivitet).

Jag har genom mitt arbete som psykolog blivit (ibland smärtsamt) medveten om hur viktigt det är att veta att man är selektiv i sin varseblivning (sin uppmärksamhet) när vi vill förstå hur vårt eget och andras psyke fungerar. Den insikten hjälper mig förhoppningsvis när jag försöker ha koll på min egen confirmation bias.

Droger påverkar allt

Jag tvekade att ha med ett kapitel om drog-
påverkan därför att droger är en hel vetenskap
med många medicinska och sociologiska
infallsvinklar.

I mitt yrke har jag inte specifikt arbetat med
droger. Men jag har både på ungdoms-
mottagningen, på vårdcentralen och i mitt
privatliv erfarit hur droganvändning kan
påverka psyket mycket.

Droger kan ge önsketänkande ("det är lugnt")
och negativt tänkande ("det här är inte bra för
mig"). Omvänt gäller också att verklighets-
förvrängning ("skål för alkoholismen") kan
bli en konsekvens av omfattande drog-
användning ("jag är en misslyckad män-
niska").

Droger påverkar allt i livet. Droger är sedan
urminnes tider en del i vår kultur och på-
verkar gruppdynamik, privat- och samhälls-
ekonomi vare sig det handlar om mediciner
eller alkohol och narkotika.

Droger kan ha genomgripande effekt på en människas psykologi, på familjen och på samhället.

Droger påverkar alla sex psykologiska funktioner som denna bok kretsar kring.

1) *Förnimmelser* i kroppen och formande av sinnesintryck från omgivningen förvrängs, dämpas eller förstärks av droger.

2) *Reaktioner* i *kroppen* (i autonoma nervsystemet) ger effekter i varseblivning, tänkande och agerande.

3) Hur man *agerar* påverkas av vilken effekt drogen har på den sinnliga apparaten och på tänkande.

4) Hur man tolkar sinnesintryck utifrån och inifrån och *mentalt reflekterar* över tolkningarna påverkas av droger.

5) *Känslor* som ackompanjerar sinnesintryck, tankar och agerande påverkas av droger (man kan bli upprymd, lugn, irriterad, trött osv.)

6) *Upplevelsen av sig själv som helhet* (självmedvetenhet och självreflektion) kan i

118

drogpåverkat tillstånd ge både önsketänkande och negativt tänkande.

Våra *inre* sinnen, balanssinnet, muskelsinnet, upplevelser av värk och upplevelser av oro och ångest dämpas när vi är påverkade av lugnande droger. Uppåtdroger kan ha motsatt effekt.

Alkohol fungerar lugnande men när drogen ska brytas ner och rensas ut ur kroppen kan vi få baksmälla och ångest (vilket i sig kan vara till hjälp för att minska droganvändningen).

Våra *yttre* sinnen syn, hörsel, lukt smak och känsel i huden blir mer eller mindre bedövade av alkohol och andra lugnande droger.

Vårt agerande påverkas. Särskilt barn lägger märke till och blir oroliga om föräldrarna är påverkade.

Konsekvenstänkande, moralitet och bekymmer ändras om kroppens funktioner påverkas av någon drog.

Humöret kan påverkas både i positiv och negativ riktning. Det är individuellt vilket det blir.

119

Många festritualer är kopplade till drog-
användning. Psykologiskt beroende och
fysiologiskt beroende kan sätta käppar i
samhällshjulen.

Tvångssyndrom har mycket gemensamt med
psykologiskt drogberoende. När man känner
sig orolig kan tvångsmässigt agerande lugna
kroppen, vilket kan befästa lugnande ritualer
som är svåra att befria sig från om man skulle
vilja det.

Sambanden mellan psykologi och sociologi
är uppenbar när det gäller droger.

Droghandel, snabba pengar och kriminalitet,
social misär, misshandel, psykiatriska besvär,
försämring av hjärnans funktioner, lever-
skador, fattigdom, konflikter, relations-
problem, sömnsvårigheter, ångest och de-
pression kan på ett eller annat sätt vara drog-
relaterat.

Droganvändning är invävt i vårt samhälle och samtidigt så självklart. Kanske det är därför som temat om "droger som påverkar allt" höll på att falla bort ur min medvetenhet när jag började skriva om förförelse av det egna psyket, om negativt tänkande och önsketänkande.

I vardagen som psykolog är det uppenbart att klientens selektivitet kan styra vad som tas upp i samtalet.

Innan man kan lösa ett problem måste man vara medveten om att man har ett.

Det kan vara svårt (ibland nästan omöjligt) att kommunicera öppet och ärligt med någon som inte kan erkänna för sig själv att han/hon lider av tvångsmässig droganvändning eller tvångstankar och tvångsritualer som styr vardagen.

121

Att finna sig tillrätta i tillvaron

Jag har ibland funderat över varför det kan vara så svårt att nå fram när jag påstår att selektiv uppmärksamhet och selektivt tänkande (confirmation bias) kan förklara våra svårigheter att förstå varandra.

Det kanske beror på att just confirmation bias förstärks vid kommunikationssvårigheter, särskilt när man är frustrerad.

Confirmation bias (som mänskligt fenomen) håller på att bli etablerat i offentliga debatter. Det förknippas ofta med massmedia och politiska ställningstaganden.

Confirmation bias kan översättas till svenska som bekräftelse-partiskhet, bekräftelsesyn-vinkel, bekräftelse-ensidighet, bekräftelse-fördom, bekräftelse-tänkande eller bekräf-telse-selektivitet.

Hur påverkar selektiviteten vår identitet?

Den innebär att vi kan ha ett selektivt be-kräftelsebehov under våra identitetsskapande år i ungdomen, men också senare i livet.

Under tonåren kan idoler dominera ungdomarnas uppmärksamhet. Man vill vara som sina idoler.

Idolerna själva blir bekräftade men de kan inte personligen bekräfta varje beundrare. Ungdomarna kan få sin bekräftelse genom att prata om sina idoler med sina kompisar.

Det är förståeligt att confirmation bias kan påverka oss särskilt under tonåren. Ibland även som sin motsats, som revolt mot tidigare auktoriteter.

I vår successiva mognadsprocess behöver vi dock bli medvetna om vår selektivitet.

Men sannolikheten är rätt stor att identitetsskapande upplevelser i ungdomen återupprepas i vuxen ålder i en beteenderepertoar som blir allt mer automatiserad.

I takt med ökad automatisering av vår psykologi ökar risken för undermedvetenhet om confirmation bias.

Om vi fyller i *personlighetsformulär* och tycker att resultatet någotsånär stämmer med vem vi är, kan vår confirmation bias komma in i bilden och bekräfta resultatet. "Det stämmer precis med vem jag är!"

Men vid närmare granskning kan det visa sig att vi måste reservera oss med specifika undantag.

Kanske vi istället reagerar på resultatet i ett personlighetsformulär med "nej det där stämmer inte alls med vem jag är".

Varje människa är unik, har en unik levnadsberättelse och ett unikt självbekräftelsebehov.

Personlighetsformulär har mindre möjlighet att spegla viktiga realiteter jämfört med forskningsvaliderade självskattningsformulär som lägger vikt vid att innefatta individens beteendemönster i olika situationer.

Det är inte lätt (för att inte säga omöjligt) att i ett enda formulär på ett bra sätt kartlägga alla psykologiska funktioner. Selektiv varseblivning, kroppsliga funktioner och tillstånd, hur individen vanligtvis brukar agera, hans/hennes sätt att tänka (mind set), emotionella tillstånd (som varierar med situationen) och självkänsla.

Eftersom selektiv varseblivning är ett centralt mänskligt fenomen, som också handlar om självbekräftelseselektivitet, kan undermedvetenhet om självbekräftelsebehoven bli en inre plåga om vi inte tycker oss få bekräftelse av det egna jaget.

Svårigheter att få bekräftelse kanske beror på att vi söker bekräftelse i andra människor som är lika oss (vår invanda grupp).

Men eftersom andra också har självbekräftelsebehov behöver vi vara medvetna om att detta behov kan bromsa flödet även i kommunikation med människor som tillhör vårt eget nätverk.

I vårt eget nätverk kan det vara svårt att prata öppet om behoven av självbekräftelse, om vi blir irriterade över någons självcentrering.

Samtalet fördjupas då kanske inte bortom det som förenar i det nätverk som man gemensamt ingår i.

Det är inte ofta vi reflekterar över vår egen psykologi – att vi alla har olika, unika livsberättelser och att självbekräftelsebehovet kan uttryckas på olika sätt.

Vi behöver kanske vara medvetna om vår individualitet (våra jaggränser) för att lägga märke till selektiviteten i oss själva och andra.

Du är du och jag är jag. Jag vill kunna vara nyfiken på dig och tycker om när du också är nyfiken på mig.

När vi söker bekräftelse i andra söker vi nog efter likheter. Men vi kanske skulle lära mer om oss själva och andra om vi också bekräftar våra olikheter.

Vi behöver kunna vara så trygga med varandra att vi vågar ha olika åsikter.

Med begreppet "det kollektivt undermedvetna" syftade Carl Jung på gemensamma "arketyper" i människors psykologi.

Han menade att minnen och tolkningar i en persons psyke fungerar enligt kollektiva arketyper (*psykologiska komplex* t.ex. moderskomplex).

Jag tänker mig att en sådan undermedveten kollektiv arketyp nog är psykets tendens till confirmation bias (önskad bekräftelse av någon tillfredsställande eller välbekant själv-upplevelse).

Att ha *biaskomplex* kan kännas som när man knäpper någon knapp i fel knapphål. Det verkar vara något som inte riktigt stämmer när man ska knäppa sista knappen.

Att drabbas av nya omständigheter (en lotterivinst eller en personlig förlust) innebär att man behöver göra en första bedömning av sin nya situation.

Varseblivningsapparatens visuella funktion skannar av läget.

Nu kommer hjärnans förmåga att snabbt bedöma en ny upplevelse till sin rätt. Därefter behöver individen finna mening i det hon/han ser. Bildandet av en första fördom om det nya kan ske.

Ett problem är att positiva känslor kan bädda för önsketänkande likaväl som negativa käns-lor kan bädda för negativa, avvisande tankar.

Olika individer kan uppleva samma situation helt olika.

Om man vill prata om sina upplevelser med någon kan det bli stopp därför att man kommer in i samtalet från helt olika infallsvinklar.

Vårt behov av att få prata om vårt eget kan vara så stort att det blir för lite utrymme för den andre att också få prata om sitt.

Vi kan behöva odla vårt ömsesidiga ansvar för turtagning i våra samtal.

En individs minnen av tidigare agerande, tänkande och känslor skapar en helt unik levnadsberättelse och en helt unik personlig identitet.

Uttrycket "landsorten" kan tänkas ha myntats i ståndssamhällets inre kretsar under medeltiden. Förmodligen av någon högreståndsperson, någon som kunde röra sig fritt i Sverige.

Uttrycket landsortsbo är nu kopplat till bibetydelsen att vara någon som *inte* tillhör de inre kretsarna i Sverige.

Vi människor har ett grundläggande behov av att bli hörda och sedda. Vi har behov av bekräftelse. Bekräftelse under tiden vi lär oss något och bekräftelse när vi lärt oss.

Det är nog en av hemligheterna bakom Facebooks popularitet. Vi vill bli sedda.

Det är bara det att på Facebook får man som regel inga inkännande följdfrågor.

Kanske om man kommer ihåg att fråga, nästa gång man får möjlighet att prata i telefon eller i verkliga livet.

Nu när vi behöver motverka global uppvärmning genom att minska vårt resande till fjärran länder kan vi satsa på att skapa "human uppvärmning" genom äkta möten med människor.

Under våra första levnadsår tar vi in (assimilerar) sinnesintryck inifrån kroppen och från omgivningen till helhetsupplevelser som blir grundläggande i förståelsen av hur livet fungerar.

Vi är individer med unika levnadsberättelser som kan vara rejält olika.

Vid autentiska möten med andra människor kan vår uppmärksamhet anpassas så att vi kan bli varse ett bredare perspektiv på förutsättningarna för varje individs livsresa.

De mellanmänskliga relationer som har stor sannolikhet att bestå är de relationer där parterna *ömsesidigt* bekräftar varandra.

Självbekräftelsebehovet kan bli ett hinder om en självcentrering står i vägen för bekräftelse av den andre.

Moders eller faderskomplex kan göra det laddat för föräldrar och barn att ömsesidigt bekräfta varandra.

Samma sak i alla nära relationer, parrelationer, grupper och sociala nätverk.

Obalanserat bekräftande dör ut.

Graden av undermedvetenhet om vårt behov av självbekräftelse kan variera mycket från person till person.

För att kunna vara fri och ärlig mot andra och sig själv behöver man vara medveten om sin egen confirmation bias.

Min psykologi har jag själv skapat i samspel med min livssituation i olika skeden av livet.

Det är flera anledningar till att jag kom fram till den pedagogiska modell som jag utvecklade under åren som jag arbetade på ungdomsmottagningen.

Jag hade under den tid jag arbetade som skolpsykolog påverkats av John Steinbergs kurs för pedagogiska handledare med fokus på arbetsmetodiken i hans bok "Aktiva värderingar".

På den tiden dominerade psykodynamiska modeller bland mina psykologkollegor vilket gjorde att jag ville arbeta i dynamisk dialog med ungdomarna.

Jag hade också med mig, från tiden vid psykologiska institutionen, erfarenheter av forskning om kognitiva processer.

Beteendeterapin, som ännu inte hade utvecklats till *Kognitiv* Beteendeterapi när jag var nyutbildad psykolog, hade haft fokus på beteendeförändring för att övervinna fobier.

Alltsammans hamnade på whiteboardtavlan i mitt arbetsrum på ungdomsmottagningen. Jag bekräftade ungdomarnas berättelser med korta noteringar på tavlan. Den bakomliggande strukturen kan jag idag sammanfatta som på sidan 56.

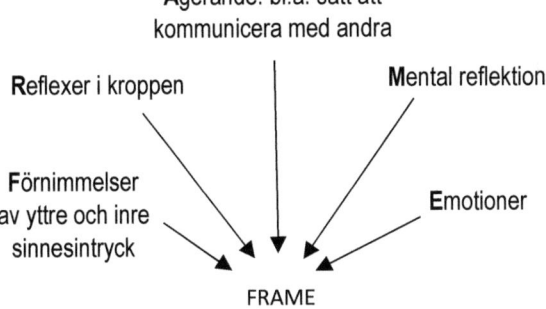

Agerande: bl.a. sätt att kommunicera med andra

Reflexer i kroppen

Mental reflektion

Förnimmelser av yttre och inre sinnesintryck

Emotioner

FRAME

Upprepade upplevelser av <u>växelverkan</u> mellan dessa variabla funktioner, ger upplevelser av sig **Själv** och omgivningen (flera upprepade FRAMES)

133

Jag har, parallellt med mitt arbete med ungdomarna varit i min egen process att lära känna mig själv. Det har bl.a. handlat om frigörelse från mitt förhållande till mitt mående under ungdomsåren.

Jag kunde konstatera att jag befann mig i långa perioder av mild depression under mina ungdomsår.

En viktig del i min resa har varit att ompröva min tidigt dominerande confirmation bias att just jag är ovälkommen till världen, med påföljande mindrevärdeskomplex och lättväckt skam.

När mina barn kom till världen kändes det fantastiskt meningsfullt och härligt.

Jag kände mig värdefull.

Själv växte jag upp innan det fanns dagis och dagmammor. Jag tog för givet att förskolor är en bra sak.

Så här i backspegeln kan jag se att modern barnomsorg är en produkt av rationaliseringssträvanden.

Nu kan jag se att barnstugor är på gott och ont och helt enkelt har skapats för omhändertagande av barn i ett väloljat samhällsmaskineri under tiden föräldrarna arbetar.

Första gemensamma svenska pedagogiska programmet för förskolan kom nittonhundraåttiosju. Den första *läroplanen* för förskolan kom nittonhundranittioåtta.

Jag var som nybliven far inte medveten om alla konsekvenser av barnomsorgens förutsättningar.

Jag minns fortfarande med smärta hur det kändes att lämna ett gråtande barn innan jag skyndade mig till jobbet på förutbestämd tid.

Men det var desto härligare att hämta dem efter jobbet.

Det som fångade min uppmärksamhet: som gav hjärtklappning eller inre lugn, som kunde få mig att agera, tänka och känna, det var min psykologi.

Om jag nu har stunder när jag inte mår bra kan jag förhoppningsvis ha tillräcklig självdistans att förstå.

Förstå att tankar som oroar eller önsketänkande handlar om att avleda fokus bort från sinnesapparatens sätt att fungera.

Minnen handlar om där och då. Tankar om framtiden handlar om där och sen.

Sinnena fungerar bara här och nu.

PS

Att en förälder, ett barn eller en partner "bara hör det han/hon vill höra" kan tolkas som just att man bara hör det man vill höra.

Men det kan också tolkas som något som den andre (medvetet eller omedvetet) väljer bort att lägga märke till därför att han/hon inte kan eller vill förstå inom ramen för sin erfarenhet och sin föreställningsvärld.

I en nära relation kan det vara värdefullt att tillsammans ta sig tid att reda ut vad våra respektive bekräftelseselektiviteter kan handla om.

Det behöver inte innebära att man till varje pris ska ha samma syn på allt, men det kan vara bra att vara överens om vad man inte är överens om och att det är okey att inte alltid vara överens om allt.

Fritz Perls, en av grundarna av gestaltterapin lär ha sagt "lose your mind and come to your senses".

Jag tror att han, beroende på vilket sammanhang som avses, kunde ha godkänt andemeningen i "släpp ditt tänkande och upptäck vad dina sinnen säger dig om verkligheten".

När jag reflekterar över livet för att finna mig tillrätta i min nuvarande levnadsfas tänker jag att jag har gjort mig fri från de fördomar om mig själv som jag kunnat upptäcka. Det gör det lättare att känna acceptans för det som blev.

Jag kan känna ro när jag kommer fram till att jag faktiskt i varje fas i livet har gjort så gott jag kunnat utifrån mina förutsättningar.

Referenser

Garpebring, S. (2014) *Stressreflexer och tankefällor*. Nomen Förlag.

Garpebring, S. (2018) *En psykologisk Rammodell*. Books on Demand.

Garpebring, S. (2016) *Fokus och Bakgrund.* Books on Demand.

De Botton, A. (2018) *Kärlekens Väg.* Volante.

Garpebring, S. (2020) *Identitet inifrån – Upplevelser av sig själv.* Books on Demand.